kosmos

Viel F

mit Ihren neuen

Hobby!!

Horst Stahl

Zimmer-bonsai

Miniaturbäume für das Fensterbrett

Kosmos
Gesellschaft der Naturfreunde
Franckh'sche Verlagshandlung
Stuttgart

Mit 17 Farbfotos von: Horst Stahl, Haltern: alle außer Bonsai-Centrum, Heidelberg: 55 o. l.
Baumbesitzer:
Bonsai-Centrum Hannover: 36 u.
Bonsai-Centrum Heidelberg: 17, 18 o. l., 18 u., 35 u., 36 o., 38, 55, Titel
Bonsai-Zentrum Niederrhein: 18. o.r., 35 o., Rückseite (Titel)
Horst Stahl, Haltern: 56
Jochen Wendtland, Hattingen: 37
Mit 27 Schwarzweißzeichnungen von:
Raffaello Galizzi, Essen: 10, 16, 21, 22, 23, 24, 26, 32, 45
Marianne Golte-Bechtle, Stuttgart: 19, 41, 42, 43, 44

Umschlaggestaltung von Ulrich Kolb, Leutenbach, unter Verwendung von einem Farbdia vom Bonsai-Centrum, Heidelberg, (Vorderseite) und einem Farbdia von Horst Stahl, Haltern (Rückseite)

Franckh'sche Verlagshandlung,
W. Keller & Co., Stuttgart/1989

LH 14 rr
ISBN 3-440-05926-X
Satz: F.-M. Stephan, Stuttgart
Herstellung: J. Schmid, Achern

CIP-Titelaufnahme der Deutschen Bibliothek

Stahl, Horst:
Zimmerbonsai : Miniaturbäume für das Fensterbrett / Horst Stahl. — Stuttgart : Franckh, 1989
ISBN 3-440-05926-X

Zimmerbonsai

Einführung

Ein Bonsai, was ist das?

Bonsai werden in China schon seit mehr als 2000 Jahren gestaltet. Im Anfang noch meist reine Landschaftsabbildungen wurden bald auch Einzelbäume nach dem Vorbild der Natur gestaltet.
Diese Kunst entstand in der buddhistischen Philosophie des Zen. Einer Philosophie, die mit keiner westlichen Philosophie vergleichbar ist. Bei der Meditation im Zen geht es nicht um die logische Durchdringung eines Problems. Ziel der Meditation im Zen ist die plötzliche Erleuchtung, die Erkenntnis der illusorischen Natur allen Seins. Entsprechend verwarfen viele Zen-Meister alle Logik und alle Betätigung des Intellekts.
In einem Bonsai ist zweifelsfrei das Geheimnis und der Geist der Lehre Buddhas enthalten: so zeigte Buddha, nach einer Definition der letzten, höchsten Wirklichkeit gefragt, schweigend auf eine Blume.
Vor gut 800 Jahren brachten buddhistische Mönche die ersten Bonsai nach Japan. Da zu dieser Zeit alles, was aus China kam, in Japan großes Interesse erregte, fanden die Ideale der Bonsai-Gestaltung auch ohne weiteres Eingang in das Leben künstlerisch schaffender Menschen.
Die adligen Anhänger des Zen waren die Förderer der Kunst, einer Kunst, die sich durch Zurückhaltung auszeichnet. Schon im 16. Jahrhundert schrieb ein berühmter Gärtner: »Besonders zu beachten ist, daß man sich hüten soll, die Szenerie zu überfrachten; Effekthascherei führt oft zu einem Verlust an Würde und bewirkt den Eindruck des Vulgären.«
In Japan wurde die Kunst der Bonsai-Gestaltung unter den gebildeten Schichten des Volkes bald sehr beliebt und im Laufe der Zeit zu den heutigen Formen weiterentwickelt. Dies zeigen bereits die berühmten Bildrollen aus der Kamakura-Zeit (1192–1333) über einige der schönsten Holzschnitte aus der Edo-Zeit (1603–1897) bis hin zu den zahlreichen Bonsai-Ausstellungen in der heutigen Zeit, die sich eines großen Publikumsinteresses erfreuen.
Bonsai-Gestaltung ist neben der Gartengestaltung, der Kunst des Blumensteckens (Ikebana) und der Kunst der Teezeremonie zu einer eigenen Kunst geworden. Alle diese Kunstarten haben ein Ideal gemeinsam, sie stellen eine Synthese zwischen Einfachheit und hoher Eleganz dar.
Bei der Gestaltung von Bonsai ist die Natur der Lehrmeister und der Mensch der andächtige Schüler. Der Mensch ist damit, anders als in der westlichen Einstellung, nicht der Beherrscher der Natur oder des Baumes, sondern Teil der Natur. Alle Gestaltungsarbeiten, die der Mensch an seinem Bonsai durchführt, sind lediglich möglich durch das andächtige Lauschen auf die Signale der Natur. Alle Vorbilder für die Bonsai-Gestaltung finden wir in der freien Natur

Einführung

und nicht in der Enge unseres Geistes. Bonsai heißt frei übersetzt »Baum in der Schale«. Hierbei handelt es sich nicht um spezielle Züchtungen, sondern um ganz normale Bäume, die lediglich durch gärtnerische Maßnahmen klein gehalten werden. Nimmt man einen Bonsai aus seiner Schale und pflanzt ihn in der freien Natur in nährstoffreichen Boden, wächst er schnell heran und wird zu einem mächtigen Baum wie andere Gehölze seiner Art.

Der innere Aufbau eines Baumes

Das Naturkunstwerk Baum

Ein Baum läßt sich in drei Hauptteile gliedern: die Wurzeln, den Stamm und die Äste mit ihren Zweigen.
Die Wurzeln dienen mit ihren dickeren Teilen der Verankerung im Boden. Die dünneren Wurzeln schaffen hingegen das Wasser und die darin gelösten Nährsalze heran. Gleichzeitig nehmen die Wurzeln aber auch Sauerstoff für ihren Stoffwechsel auf. Entsprechend ist es für den Baum lebensbedrohend, wenn der Boden ständig wassergesättigt ist. In diesem Fall ist im Boden keine Luft vorhanden, und der Baum muß ersticken. Wasser und Nährsalz werden nur von den äußersten Wurzelspitzen aufgenommen. Während die Wurzelspitze weiter durch den Boden wächst, werden die neu gebildeten Zellen auf verschiedene Aufgaben spezialisiert. Die Zellen der Wurzelrinde nehmen über ihre Oberfläche das lebensnotwendige Naß auf. Zur Oberflächenvergrößerung haben diese Zellen Ausstülpungen, die Wurzelhaare. Die Wurzelhaare befinden sich nur in den ersten 10 cm hinter der Wurzelspitze. Von den älteren Wurzeln kann also kein Wasser mehr aufgenommen werden.
Durch die Zellwände der benachbarten Zellen werden das Wasser und die darin gelösten Nährstoffe zum Zentrum des Wurzelzylinders transportiert. Hier finden wir viele kleine Röhren, die Leitungsbahnen. Je weiter wir zum Wurzelhals, dem Übergang zwischen Wurzel und Stamm, kommen, um so mehr Leitungsbahnen vereinigen sich.
Im Holzteil des Stammes, dem innersten Teil der Baumscheibe, wird das Wasser durch die hier befindlichen Leitungsbahnen bis hinauf zur Krone in die Blätter transportiert. In den Blättern wird der größte Teil des Wassers verdampft, wodurch immer mehr Wasser hochgesogen wird.
Um den Holzteil des Stammes finden wir einen dünnen Streifen aus teilungsfähi-

gen Zellen, das Kambium. Nur das Kambium kann in jeder Wachstumsperiode neue Holzzellen bilden. Das Holz selbst besteht bereits nach wenigen Jahren aus toten Zellen. Diese toten Zellen dienen in den ersten Jahren zum Teil als Leitungsbahnen. Nachdem sie nach einigen Jahren diese Leitungsbahnfunktion an jüngere Holzteile abgetreten haben, dienen sie nur noch der Verfestigung des Holzkörpers.
Nach außen bildet das Kambium zusätzlich neue Rindenzellen. Die inneren Rindenbereiche dienen dem Transport der in den Blättern hergestellten Photosyntheseprodukte wie Zucker und Stärke von oben nach unten. So gelangen die Energiestoffe und Baustoffe bis hinunter zu den Wurzeln.
Die äußeren Rindenteile schließen den Baumkörper nach außen hin ab. Obwohl die Zellen der äußeren Rindenteile ebenfalls tot sind, schützen sie den Holzkörper gegen Schädlinge und die Unbilden der Witterung. Durch ihre zum Teil dicke, tiefrissige Borke schützen sich die Bäume gegen Austrockung und Sonnenbrand. Bildet der Baum eine weniger dicke, glatte Borke aus, kann er also hier einen Sonnenbrand bekommen, was sich im Absterben ganzer Rindenregionen zeigen kann.
Wir haben im Stamm also zwei verschiedene Leitungsrichtungen. Einmal werden Wasser und Nährsalze im Holzteil von den Wurzeln bis hinauf zu den Blättern geleitet. Zum andern schaffen die inneren Rindenteile die Photosyntheseprodukte von den Blättern hinunter bis zu den Wurzeln.

Knospen und ihre Funktionen

Alle neuen oberirdischen Organe eines Baumes sind als Anlage in den Knospen enthalten. In ihnen schlummern Triebanlagen, Blattanlagen oder Blütenanlagen.
Knospen, die Trieb- und Blattanlagen enthalten, sind in der Regel spitz zulaufend. Knospen mit Blütenanlagen haben hingegen meist eine abgerundete Spitze.
Manchmal treibt eine Knospe nicht aus, sie gerät in ein Ruhestadium. Die äußerlich sichtbare Knospe bildet sich zurück und wird zu einem schlafenden Auge. Bei Bedarf kann die Pflanze ein schlafendes Auge aktivieren und läßt es austreiben.
Die sichtbaren Knospen haben ihrer Lage an der Pflanze entsprechend verschiedene Aufgaben.
Eine *Terminalknospe* sitzt an der Spitze eines Triebes und dient der Verlängerung des Triebes. Ihr Wachstum wird meist besonders gefördert, d. h., aus ihr wächst ein besonders langer und starker Trieb.
In ihrer Förderung nachrangig sind die *Seiten- oder Achselknospen*, d. h. Triebe, die aus ihnen wachsen, sind meist deutlich kürzer als der Spitzentrieb. Wie ihr Name schon sagt, sitzen sie an den Seiten eines Triebes und werden am Ansatz des Blattstiels am Zweig gebildet und dienen der Verzweigung der Pflanze.
Manchmal bilden sich direkt neben den Gipfel- oder den Achselknospen noch sogenannte *Nebenknospen*. Sie trei-

ben vor allem dann aus, wenn die jeweilige Hauptknospe abgestorben ist.
Ob, wann und wie stark Knospen zum Austreiben angeregt werden, hängt von gewissen Gesetzmäßigkeiten ab (siehe dazu Formerhaltungsschnitt).

Freiland-Bonsai — Zimmerbonsai — Halbzimmer-Bonsai

Die ersten Bonsai, die uns in Europa erreichten, waren Bäume aus Japan. Da Japan etwa die gleichen klimatischen Verhältnisse hat wie Mitteleuropa, waren und sind diese Bäume nur für einen ganzjährigen Standort im Freien geeignet.
Leider fanden viele der schönen Bäume einen vorzeitigen Tod, weil sie von ihren neuen Besitzern in den geheizten Wohnräumen aufgestellt wurden. Eine Kiefer, eine Buche oder eine Eiche können auch als Bonsai nicht im Zimmer überleben.
Anders sieht es bei Bäumen aus, die ihre Heimat in den Tropen haben. Die klimatischen Bedingungen in diesen Gegenden entsprechen in etwa den Temperaturverhältnissen in unseren Wohnräumen. Genau wie in den Tropen haben wir hier das ganze Jahr über gleichbleibende Temperaturen.
Das einzige Problem, welches unter Umständen auftreten kann, ist eine zu niedrige Luftfeuchtigkeit in unseren Wohnräumen. Hier ist es dann sinnvoll, über Wasserverdunster die Feuchtigkeit zu erhöhen.
Halbzimmer-Bonsai haben ihre Heimat in Klimabereichen, die dem Mittelmeerklima entsprechen. Hier haben wir im Winter deutlich niedrigere Temperaturen als im Sommer, niemals aber länger anhaltende stärkere Frostgrade. Diese Bedingungen müssen diese Pflanzen bei uns vorfinden.
Halbzimmer-Bonsai lieben im Winter entsprechend einen Standort in einem ungeheizten Raum. Die Raumtemperaturen sollten zwischen + 5 °C und + 10 °C liegen. Höhere Temperaturen führen zu einem vorzeitigen Austreiben der Bäume. Niedrigere Temperaturen können zu Kälteschäden führen.

Ein Bonsai wird gekauft

Bonsai werden in den verschiedensten Formen, Preisklassen und Arten angeboten. Nicht alles, was unter dem Namen Bonsai angeboten wird, verdient auch wirklich den Namen Bonsai. Grundsätzlich ist eben nicht alles, was verholzt und in eine Bonsai-Schale gepflanzt wurde, auch gleich ein Bonsai.
Erst charakteristische Merkmale in Formgebung und Pflege lassen einen Baum in einer Schale zu einem Bonsai werden.
Einige der wichtigsten Qualitätsmerkmale von Bonsai sind in der folgenden Liste für den Bonsai-Kauf zusammengestellt.

● Ein Bonsai sollte in seiner Gestalt einem Baum in der freien Natur gleichen. Das kann auch eine Form sein, die sich an einem Standort mit extremen Witterungsverhältnissen ausgeprägt hat.

Unten links: Manchmal ist ein Bonsai so tief eingepflanzt, daß man keinen schönen Wurzelhals erkennen kann. Meist ist aber tief im Erdreich ein gut ausgeprägter Wurzelhals vorhanden.

Bei genauer Betrachtung brauchen lediglich einige Wurzeln oberhalb des Wurzelhalses entfernt und der Baum etwas höher wieder eingepflanzt zu werden, und schon erfüllt der Bonsai auch dieses Qualitätskriterium.

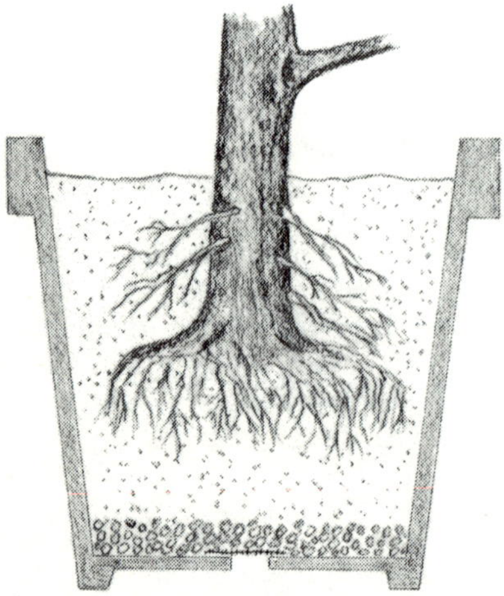

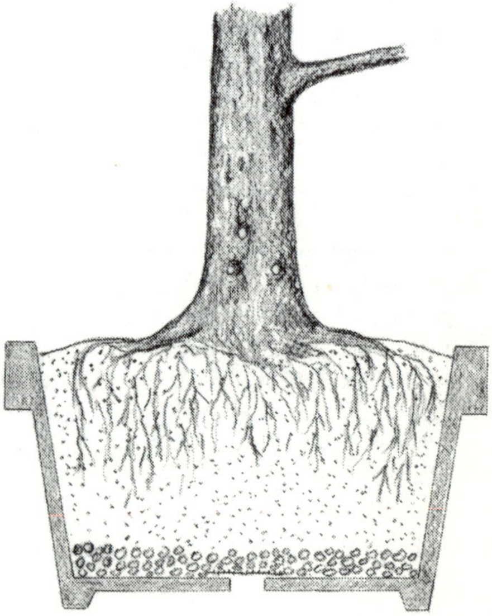

- Die Schale muß in Form und Charakter dem Baum entsprechen. Weder zu groß noch zu klein muß ihre Farbe mit dem Laub oder den Blüten harmonieren.
- Die Schale muß auf jeden Fall Wasserabzuglöcher haben, damit es nicht zu der gefürchteten Staunässe kommen kann.
- Der Stamm verjüngt sich harmonisch zur Spitze hin. Bei Formen mit gewundenem Stamm sollten die Biegungen nicht abrupt die Richtung ändern. Weiche Schwünge unterstreichen die Eleganz des Stammes, harte Biegungen zeigen gestalterisches Unvermögen.
- Die Äste am Stamm und in der Krone sind in ihrer Anzahl begrenzt, d. h., es sind gerade so viele Äste vorhanden, daß sie die Form des Stammes unterstreichen und der Baumart entsprechen.
- Die Zweige werden zu den Astspitzen hin immer feiner. So entsteht langsam eine immer feiner verzweigte Astetage.
- Der Stammfuß ist ein wichtiges, aber leider nicht immer beachtetes Gestaltungskriterium eines guten Bonsai. Er macht den Übergang zwischen Wurzelbereich und Stamm deutlich und unterstreicht ihn. Vom Stamm aus gehen die Wurzeln in alle Richtungen ins Erdreich hinein.
- Die Farbe der Blätter, die Blüten und Früchte haben den für die Jahreszeit typischen Entwicklungsstand.
- Damit die Versorgung des Baumes keine Probleme macht, muß der Baum einen gut ausgebildeten Wurzelballen haben. Auf keinen Fall kaufen wir einen Bonsai, der gerade erst umgetopft wurde.
- Daß der Baum frei von Schädlingen ist, dürfte bei einem Bonsai-Fachhändler eine Selbstverständlichkeit sein.

Pflege von Zimmerbonsai

Der richtige Standort

An den richtigen Standort unserer Zimmerbonsai stellen wir ganz bestimmte Anforderungen.
Jede Pflanze braucht zur Photosynthese und damit für ihre Gesundheit eine Mindestlichtmenge. Wird diese unterschritten, vergeilen die Triebe, d. h., die Blattabstände werden sehr groß, während die neuen Triebe sehr dünn und schwach sind. Solche Triebe sind anfällig für Krankheiten und haben wenig Resistenz gegen Schädlinge.

Wir wählen also einen hellen Fensterplatz an einem Süd-, West- oder Ostfenster. Mit zunehmendem Abstand vom Fenster nimmt die von den Pflanzen nutzbare Lichtmenge ab. Die Beleuchtungsstärke reduziert sich dabei im Quadrat mit der Entfernung von der Lichtquelle. Das bedeutet, daß in doppelter Entfernung vom Fenster nur noch ein Viertel der Lichtintensität zu messen ist.
An klaren Sonnentagen können wir Beleuchtungsstärken von bis zu 100 000 Lux messen. Das Minimum, bei dem Pflanzen gerade noch überleben können, liegt bei 700 Lux. Ideal ist eine Beleuchtungsstärke zwischen 5000 und 10 000 Lux.
Mit der Belichtungsautomatik einer Spiegelreflexkamera können wir die Lichtwerte leicht überprüfen. Von dem beabsichtigten Standplatz aus richten wir bei einer Filmempfindlichkeit von 18 DIN die Kamera auf die Lichtquelle.

Filmempfindlichkeit bei 18 DIN entsprechen den Blendwerten der Lichtstärke von:

Blende 16—22
entspricht voller Sonne
= 45 000 bis 100 000 Lux

Blende 5,6—11
entspricht Halbschatten
= 6000 bis 25 000 Lux

Blende 2,8—4
entspricht Schatten
= 1500 bis 3000 Lux

Reichen die Lichtwerte nicht aus, so müssen wir mit Pflanzenleuchten für zusätzliche Beleuchtung sorgen. Eine Pflanzenleuchte mit 100 Watt Leistung erbringt in 1 m Abstand von der Pflanze eine Zusatzbeleuchtung von 1800 Lux. In 1,5 m Abstand können wir nur noch 800 Lux messen.
Wollen wir einen Zimmerbonsai hauptsächlich mit Kunstlicht belichten, so darf die Lampe etwa 18 Stunden brennen, 6 Stunden lang braucht die Pflanze Ruhe.
Jede Pflanze kann nur innerhalb ganz bestimmter Temperaturgrenzen erfolgreich Photosynthese und Stoffwechsel betreiben. Für unsere Zimmerbonsai, die aus tropischen und subtropischen Gegenden stammen, ist unter + 15 °C meist schon keine meßbare Photosynthese mehr möglich.
Auch muß für die meisten Pflanzenarten, ihrer Heimat entsprechend, im Raum mindestens eine Luftfeuchtigkeit von 30% vorliegen. Im Zweifel gibt ein Hygrometer Auskunft über die aktuelle Luftfeuchtigkeit. Liegt der Wert zu niedrig, muß mit Hilfe von Wasserverdunstern für zusätzliche Luftfeuchtigkeit gesorgt werden.
Stehen die Zimmerbonsai auf einer Fensterbank, die direkt über einer Heizung liegt, müssen wir mit Wasserverdunstern zusätzlich für eine erhöhte Luftfeuchtigkeit sorgen.
Wenn wir bei Frostgraden im Winter zur Lüftung die Fenster öffnen wollen, müssen wir die Zimmerbonsai auf jeden Fall vor Zugluft bewahren.
Im Sommer lieben auch die Zimmerbonsai einen Standort im Freien, also ei-

nen Platz auf dem Balkon oder der Terrasse. Hier können sich die Bäume besser entwickeln, und selbst Bäume, die im Zimmer ein wenig gekränkelt haben, erholen sich wieder.
Niemals sollte man die manchmal recht teuren Zimmerbonsai irgendwo ins Blumenfenster stellen. In der Umgebung der »normalen« Zimmerpflanzen geht die Schönheit unserer Bonsai meist einfach verloren. Wir wählen also einen Fensterplatz, an dem wir unseren Bonsai in all seiner Schönheit präsentieren können.

Richtig gießen!

Wasser ist das universelle Transportmittel innerhalb der Pflanze. In ihm gelöst werden mit Hilfe der Wurzeln Nährsalze aus dem Boden aufgenommen und bis in die Blätter gebracht. Ebenso transportiert es Zucker und Stärke von den Blättern hinunter in alle Pflanzenteile.
Ist die Pflanze ausreichend mit Wasser versorgt, sind die Zellen straff und die Blätter fest und stabil. Bei einer Unterversorgung hängen die Blätter schlaff herunter und beginnen bald auch zu welken.
Da die Pflanzen mit ihren Wurzeln auch Luft atmen, kann das Lebenselixier Wasser ihren Tod herbeiführen. Wird der Boden überreichlich mit Wasser versorgt, wird die im Boden befindliche Luft verdrängt, und die Wurzeln ersticken. Tote Wurzeln können kein Wasser mehr aufnehmen, wodurch die oberirdischen Pflanzenteile langsam vertrocknen. Hierbei handelt es sich um die unter Pflanzenfreunden gefürchtete Staunässe.
Besteht der Verdacht, daß einer unserer Bonsai unter Staunässe leidet, kontrollieren wir den Wurzelballen. Dazu nehmen wir den Bonsai vorsichtig aus seiner Schale und schauen uns die Wurzeln an. Gesunde Wurzeln haben in der Wachstumszeit weiße Wurzelspitzen. Wurzeln, die aufgrund von Staunässe eingegangen sind, sind matschig und braun.
Die Fingerprobe bringt im Zweifel Gewißheit. Dazu erfassen wir eine Wurzelspitze mit den Fingerspitzen und ziehen daran. Läßt sich die Wurzel ganz leicht abziehen (meist bleibt ein Faden in der Mitte übrig), liegt Staunässe vor.
Die einzige Möglichkeit, den Bonsai jetzt eventuell noch zu retten, ist sofortiges Umtopfen. Hierbei müssen alle kranken Wurzeln entfernt werden. Nach dem Umtopfen wässern wir in den ersten Wochen nur sparsam und düngen auf keinen Fall. Erst nachdem der Bonsai oberirdisch wieder deutlich neuen Austrieb zeigt, gehen wir wieder auf normales Wässern und Düngen über.
Das Wasser sollte nicht mehr als 10° deutscher Härte (beim Wasserwerk zu erfahren) und Zimmertemperatur haben.
Die sicherste Methode, die Bonsai zu wässern, ist die Tauchmethode. Hierbei senken wir den Bonsai mit seiner Schale solange in ein Becken mit abgestandenem Wasser, bis keine Luftblasen mehr aufsteigen. Danach lassen wir das überschüssige Wasser gut ablaufen.

Haben wir den Bonsai dann wieder auf seinen gewohnten Standplatz zurückgebracht, kontrollieren wir eine halbe Stunde später, daß kein Wasser unter der Schale steht. Hier gefundenes Wasser wird weggewischt.
Zum Wässern mit einer Gießkanne nehmen wir nur eine mit besonders feinem Brausekopf. So werden die größeren Wassertropfen fein zerstäubt und können keine Löcher in die gestaltete Erdoberfläche schlagen. Zusätzlich wird dabei nicht allzuviel Erde abgespült.
Alle 3–4 Wochen wird der Bonsai, um Staub von den Blättern abzuspülen, mit temperiertem Wasser (Zimmertemperatur) vorsichtig überbraust.

Auch ein Bonsai braucht Dünger

Wie jede andere Pflanze braucht auch der Bonsai neben Wasser und Licht regelmäßige Gaben von Dünger. Der Dünger hat für die Pflanzen die gleiche Bedeutung wie für uns die Nahrung. Ihre Nahrung kann die Pflanze nur in in Wasser gelöster Form zu sich nehmen. Wasserlöslich wiederum sind nur Salze, wir nennen sie daher Nährsalze.
Für Bonsai geeignete Dünger werden in verschiedenen Formen im Handel angeboten.

Organische Dünger

Organische Dünger sind tierischer oder pflanzlicher Herkunft und müssen noch durch die im Boden lebenden Mikroorganismen in Nährsalze umgewandelt werden, bevor sie durch die Pflanze genutzt werden können. Sie wirken also mit zeitlicher Verzögerung, weshalb wir von einer Bodendüngung sprechen.
Angeboten wird er in Form von Pulver, Kugeln oder in flüssiger Form. Alle Darreichungsformen werden nach der Herstellerangabe verwendet.
Ein Nachteil der organischen Dünger ist, daß sie bei ihrer Umwandlung zu riechen beginnen können. Auch legen in die festen organischen Dünger Fliegen gern ihre Eier ab. Die sich entwickelnden Maden sind sicherlich nicht jedermanns Sache, dem Bonsai schaden sie jedoch nicht.

Anorganische Dünger

Sie kennen diese Düngerform als normalen, handelsüblichen Blumendünger. Hierbei handelt es sich um eine Mischung der notwendigen Nährsalze, die direkt in gelöster Form von der Pflanze aufgenommen werden kann, weshalb wir hier von einer Pflanzendüngung sprechen.
Anders als bei normalen Topfpflanzen verwenden wir diese Düngerlösungen nur in *halber* vom Hersteller angegebener Konzentration. Bei voller Konzentration wird der Baum überdüngt, was ihn sehr stark wachsen und außer Form geraten läßt.
In der Hauptwachstumsperiode geben wir unseren Zimmerbonsai alle 14 Tage eine Düngerration. Im Winter ist der Bedarf geringer, und wir düngen nur alle 4 Wochen (siehe spez. Pflegehinweise).

Gedüngt wird immer erst nach ausgiebigem Wässern. Niemals geben wir Flüssigdünger auf die bereits trockene Erde. Auf trockenen Boden aufgebracht, verbrennt der anorganische Dünger unweigerlich die Wurzeln.

Erde, Umtopfen, Wurzelschnitt

Die richtige Bonsai-Erde muß verschiedene Anforderungen erfüllen. Sie gibt den Wurzeln den notwendigen Halt, nimmt Wasser und Dünger auf, was sie bei Bedarf wieder an die Pflanze abgibt, läßt überschüssiges Wasser ablaufen und enthält selber nur wenige Nährstoffe.
Normale Blumenerde ist als Bonsai-Erde völlig ungeeignet!
Die richtige Erde setzt sich im wesentlichen aus drei Komponenten zusammen: Humus, Lehm und grobem Sand.
<u>Humus</u> dient als Lebensraum der für die Zersetzung von organischen Stoffen zuständigen Mikroorganismen und speichert Wasser.
<u>Lehm</u> speichert ebenfalls Wasser und nimmt die Nährsalze auf, um sie dann langsam wieder an die Pflanze abzugeben. Gleichzeitig regelt er den Säuregrad (pH-Wert) des Bodenwassers.
<u>Grober Sand</u> schließlich dient der Drainage, führt also überschüssiges Gießwasser ab und sorgt so für eine ausreichende Belüftung des Bodens.
Nach meinen Erfahrungen ist die beste im Handel angebotene Bonsai-Erde ein lehmfarbenes Granulat aus Japan.

Pflanzen, also auch Bonsai, können nur solange wachsen und gesund bleiben, wie sie Raum für Wurzelwachstum haben. Sie wissen von Ihren normalen Topfpflanzen, daß auch noch so große Töpfe irgendwann völlig ausgewurzelt sind. Bei den normalen Topfpflanzen setzen wir die Pflanze in die nächst größere Topfgröße um.
Bei Bonsai gehen wir anders vor. Da bei Bonsai die Harmonie zwischen Baum und Schale ein wichtiges Gestaltungskriterium ist, müssen wir darauf achten, daß die Schale nicht zu groß wird. Um den Bonsai wieder in seine alte Schale eintopfen zu können, sorgen wir auf andere Weise für neuen Wurzelraum, wir führen einen Wurzelschnitt durch.
Die beste Zeit für einen Wurzelschnitt ist im zeitigen Frühjahr oder im späten Herbst.

- Zunächst durchtrennen wir die eventuell vorhandenen Befestigungsdrähte und lösen mit einem scharfen Messer den Wurzelballen vom Schalenrand.
- Vorsichtig wird der kompakte Wurzelballen aus der Schale gehoben. Mit einem an der Spitze abgerundeten Holzstab (Eßstäbchen) kann der Wurzelballen von außen nach innen gelockert werden.
- Die lang herunterhängenden Wurzelbärte schneiden wir um $\frac{1}{3}$ bis $\frac{2}{3}$ zurück.
- Durch die Abflußlöcher der gesäuberten Schale ziehen wir einen Befestigungsdraht.
- Als unterste Lage füllen wir als Drainageschicht grobe Bonsai-Erde ein.
- Der richtige Stand des Bonsai wird überprüft (von der Seite betrachtet sollte

Pflege

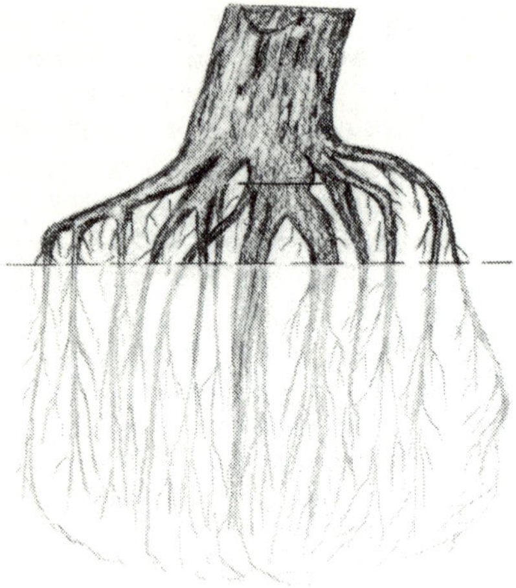

Lang herunterhängende Wurzelbärte werden eingekürzt. Dicke, die Form störende Wurzeln werden entfernt.

Ziel ist ein kompakter Wurzelballen, der den Baum stützt und mit Wasser und Nährsalzen versorgt.

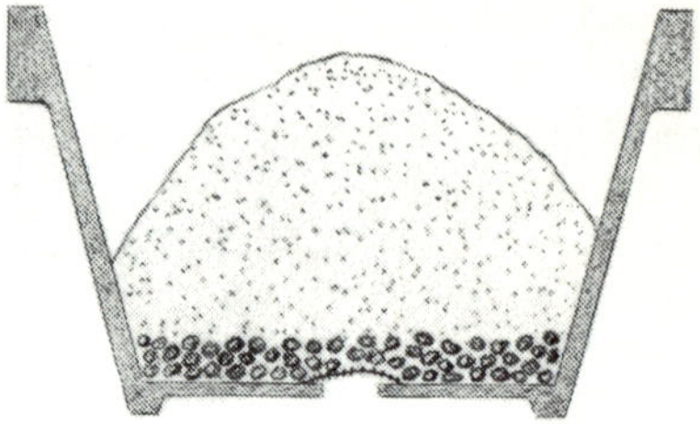

Als unterste Erdschicht füllen wir grobe Erde zur Drainage ein. Aus Pflanzerde machen wir einen kleinen Hügel, auf den wir den Baum setzen.

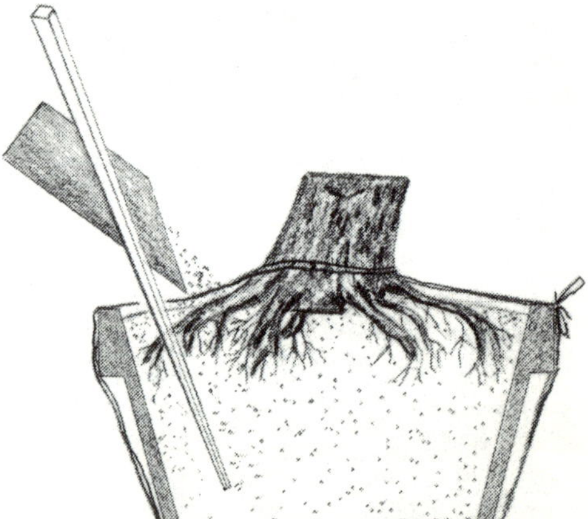

Mit weiterer Pflanzerde wird aufgefüllt, die wir mit einem Eßstäbchen zwischen die Wurzeln stochern. Der Wurzelhals liegt von der Seite betrachtet oberhalb des Schalenrandes. Eventuell muß der Baum in der Schale festgebunden werden, bis die neugebildeten Wurzeln dem Baum den nötigen Halt geben.

der Stammfuß leicht über den Schalenrand herausragen) und mit dem Befestigungsdraht fixiert. Der Befestigungsdraht wird dazu über den Wurzelballen gelegt, und die freien Enden werden gut miteinander verdreht.

- Mit der trockenen Bonsai-Erde werden die Wurzelzwischenräume wieder aufgefüllt und mit dem Holzstäbchen zwischen die Wurzeln gestochert.
- Als oberste Schicht können wir noch ganz feine Bonsai-Erde sehr dünn aufstreuen. So erhalten wir eine glatte, harmonisch wirkende Erdoberfläche.
- Zum Schluß wird der Bonsai gut gewässert und an seinen gewohnten Platz zurückgestellt. Für die nächsten 4–6 Wochen wird er vor direkter Sonneneinstrahlung geschützt und nicht gedüngt. Erst wenn er oberirdisch wieder deutlich austreibt, beginnen wir vorsichtig wieder mit der Düngung.

Die Unterpflanzung

Zur Gesamtkomposition Bonsai gehören neben dem Baum und der Schale auch eine schöne Erdoberflächengestaltung mit einer entsprechenden Unterpflanzung. Eine Unterpflanzung ist nicht nur schöne Dekoration, sondern erfüllt auch nützliche Funktionen für unsere Bonsai.

Eine bepflanzte Erdoberfläche hat eine verminderte Verdunstung, wird beim Gießen nicht so schnell fortgeschwemmt, verbessert das Kleinklima für den Bonsai durch eine erhöhte Luftfeuchtigkeit und kann sogar als »Wasserschutzpolizei« dienen.

Die häufigste Unterpflanzung bei Bonsai sind verschiedene Moosarten. Leider sind die Moosarten, die in unserem Klimabereich in der freien Natur vorkommen, nicht zimmerhart. Wohl aber sind

Rechts: Kamelienblüte

Seite 17:
Ulme *(Ulmus parvifolia)* in streng aufrechter Form.

Seite 18:
Oben links: Kamelie *(Camellia japonica)* in frei aufrechter Form.
Oben rechts: Kamelie in der Blütezeit.
Unten: *Sageretia* als Mehrfachstamm.

häufig die Moosarten, die sich in Gewächshäusern angesiedelt haben, auch in unseren Wohnräumen zu verwenden. Hier sammeln wir flache Moospolster und pflanzen sie entweder direkt auf die Erdoberfläche auf oder trocknen sie. Anschließend kann man die getrockneten Moospolster zerbröseln und auf die angefeuchtete Erdoberfläche auflegen. Bald beginnen die Moosbruchstücke zu wachsen und ein dichtes Polster zu bilden.
Besonders geeignet für eine dichte Unterbepflanzung ist der Bubikopf *(Soleirolia soleirolii).* Im Gartenfachgeschäft gekauft wird der Bubikopf aus seinem Topf genommen, der Wurzelballen stark beschnitten, auf die Erdoberfläche aufgepflanzt und gut gewässert. Schon nach kurzer Zeit ist die gesamte Oberfläche mit Bubikopf bewachsen. Wird er zu hoch, kann er bedenkenlos zurückgeschnitten werden.
Als »Wasserschutzpolizei« ist der Bubikopf besonders geeignet. Sobald er die Köpfchen hängen läßt, braucht auch unser Bonsai Wasser, beginnt er zu vermatschen, ist auch für den Bonsai zuviel Wasser im Boden.
Eine harmonische Unterpflanzung zeichnet sich durch Zurückhaltung in der Menge und Auswahl aus. Ein Zuviel an Unterpflanzen dominiert über die Bäume und nimmt ihnen damit an Wirkung. Das richtige Maß ist dann erreicht, wenn durch eine wohl überlegte Unterpflanzung die Gesamtkomposition verbessert wird.

Gestalten und Formerhaltung

Der erste eigene Zimmerbonsai ist meist »fertig« gekauft, d. h., er wurde bereits von einem Bonsai-Gestalter in eine Form gebracht, die es nun zu erhalten gilt. Ein Baum bleibt eben nicht aus sich selbst ein Bonsai, sondern nur durch die formende Hand des Menschen.
Ihr neuer Bonsai wird wachsen und dabei seine Form verlieren, die ihm irgendwann einmal gegeben wurde. Um ihn aber als Bonsai zu erhalten, müssen Sie die Form durch einen entsprechenden Schnitt immer wieder herstellen.
Bei Laubbäumen gibt es in der Hauptwachstumsperiode eine Faustregel: wir lassen den neuen Trieb auf sieben bis acht Blätter oder Blattpaare wachsen und schneiden ihn dann auf ein bis zwei Blätter oder Blattpaare zurück.
Wollen Sie sich aus einer Pflanze aus dem Garten-Center selbst einen Bonsai formen, müssen Sie ihm zunächst eine Grundform geben. Von dieser Grundform ausgehend sind Jahre geduldiger Gestaltungsarbeit erforderlich, bis er seine geplante Gestalt erhalten hat. Ziel der

formenden Arbeiten ist es, einen Baum zu gestalten, wie er in der freien Natur auch vorkommen könnte, als Bonsai nur eben viel kleiner.

Die Grundstilarten

In der Bonsai-Gestaltung haben sich im Laufe der Zeit einige Grundformen nach dem Vorbild der Natur herausgebildet, die wir die Grundstilarten nennen:

Einzelbäume

● Die streng aufrechte Form (jap. Chokkan) hat einen absolut gerade wachsenden, bis zur Spitze durchgehenden Stamm. Um den Wurzelhals gut zur Geltung zu bringen, ist das untere Drittel des Stammes frei von Ästen und Zweigen.

Die Äste sind abwärts geneigt und wachsen in alle Richtungen, wobei auf der Vorderseite ein weitgehend ungehinderter Durchblick auf den Stamm gewährt wird.

● Bei der frei aufrechten Form (jap. Moyohgi) ist der Stamm ebenfalls durchgehend bis zur Spitze, nur weist er Windungen in seinem Stammverlauf auf. Die Windungen sollten in alle Raumrichtungen gehen und zur Spitze hin immer enger werden. Die Spitze befindet

Die streng aufrechte Form.

Die frei aufrechte Form.

Eine Mittelform zwischen streng und frei aufrechter Form.

sich im Lot über dem Wurzelhals und ist zum Betrachter hin leicht geneigt.
Die Äste wachsen an der Außenseite der Stammbiegungen. Lediglich in der Krone dürfen Zweige auch auf der Innenseite der Biegungen wachsen.

● Bei der geneigten Form (jap. Shakahn) scheint der Stamm aus seinem Gleichgewicht geraten zu sein. Die nötige Stabilität gibt ihm der in Neigungsrichtung besonders stark ausgeprägte Wurzelhals. Die Anordnung der Äste ist der streng aufrechten Form ähnlich, wobei die Äste auf der der Neigung gegenüberliegenden Seite stärker nach unten gebogen sind als die Äste auf der Neigungsseite.

Gestaltung

Die Literatenform leicht geneigt, hier ist die verhältnismäßig kleine Schale zu beachten.

● Wie der Name schon sagt, wird bei der *windgepeitschten Form* (jap. Fukinagashi) der Einfluß des Windes auf Stamm und Äste nachempfunden. Stamm und Äste zeigen in die dem Wind abgewandte Richtung.

● An einen Asketen erinnert die *Literatenform* (jap. Bunjingi) mit ihrem schlanken, nur in der Krone, die das obere Drittel des Baumes bildet, beasteten Stamm.

● Die *Besenform* (jap. Hokidachi) hat im unteren Drittel einen geraden Stamm. Die oberen zwei Drittel des Baumes macht die Krone aus. Viele gleichstarke Äste mit feinen Verzweigungen bilden eine kugel- oder schirmförmige Krone.

● Bei der *Kaskade* (jap. Kengai) wurde ein Baum so weit über eine Felsklippe gedrückt, daß seine Krone in die Tiefe zeigt. In der Bonsai-Gestaltung verwen-

Die Besenform.

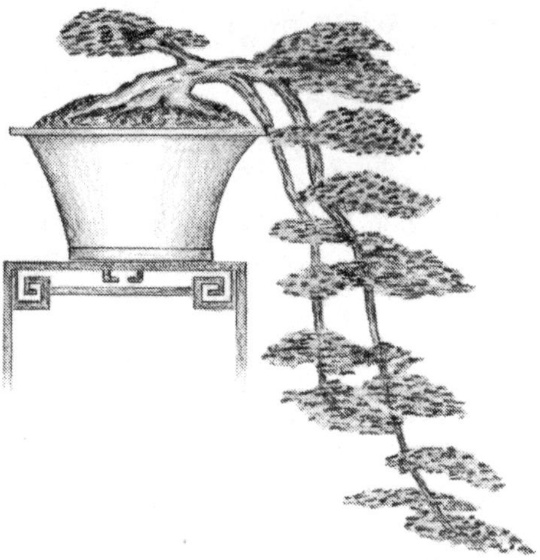

Die Kaskade.

Der Zweifachstamm.

den wir für diese Baumform eine hohe Schale. Die Spitze der Krone geht weiter hinunter, als der Schalenboden reicht. Die Anordnung der Äste und Zweige gleicht der frei aufrechten Form.

Mehrere Stämme

Die Stämme können in allen aufrechten Stilarten gestaltet sein.

● Den *Zweifachstamm* (jap. Sohkan) bilden zwei unterschiedlich dicke und lange Stämme, die aus einer gemeinsamen Wurzel wachsen. Im Idealfall ist der kleinere Stamm um ein Drittel kürzer und dünner als der Hauptstamm.

● Mit der *Waldform* (jap. Yose-ue) empfinden wir einen kleinen oder größeren Wald nach. Wie in einem natürlichen Wald finden wir Bäume in unterschied-

lichen Höhen und Dicken. Wir verwenden eine ungerade Anzahl von Bäumen und nur Bäume derselben Art.
Um optische Tiefe zu erreichen, stehen die größeren Bäume im Vordergrund, während die kleineren Bäume in den Hintergrund gepflanzt werden.

● Der *Mehrfachstamm* (jap. Kabudachi) stellt eine Mischform aus Zweifachstamm und Waldform dar. Wie beim Zweifachstamm wachsen alle Bäume aus einer gemeinsamen Wurzel. Ihre Anordnung und Zahl entspricht der Waldform.

Stämme mit Steinen

Die Bäume können in allen Einzelstilarten gestaltet werden.

● Manchmal fällt ein Baumsamen *auf einen Felsen* (jap. Sekijoju) und wächst in einer auf dem Felsen befindlichen Erdmulde zu einem Baum heran. Die Wurzeln des Baumes erreichen dabei nicht die den Felsen umgebende Erde, sondern bleiben in der Erdmulde des Steines.

● Bei der Stilart *über einem Felsen* (jap. Ishitsuki) erreichen hingegen die Wurzeln die den Felsen umgebende Erde. Die Wurzeln umklammern dabei den Felsen untrennbar.

Formerhaltungsarbeiten

Grundsätzlich gibt die Stellung einer Knospe immer auch die Richtung an, in die der spätere Trieb wachsen wird. Zeigt die Knospe nach links, wächst auch der Trieb nach links. Zeigt sie nach oben, wächst auch der Trieb nach oben. Zeigt die Knospe aber nach unten, wächst sie meist nur ein kleines Stück nach unten, um dann wieder nach oben zu wachsen. Das gilt besonders für Knospen an der Triebspitze, da sie für die Triebverlängerung zuständig sind.
Spitzenförderung: Grundsätzlich versucht jeder Baum, möglichst schnell seine maximal erreichbare Größe zu erreichen. Entsprechend sind gerade die Knospen in ihrem Wachstum gefördert, die diesem Ziel am besten dienen.
So wird zunächst die oberste Gipfelknospe am stärksten gefördert, ist diese nicht mehr vorhanden, ihre Nebenknospen. Fehlen auch Nebenknospen, wird die der Spitze am nächsten stehende Achselknospe besonders gefördert.
Wir können also bereits durch eine Lagekorrektur des Astes sein Wachstum beeinflussen. Ist die Spitze eines Astes nach unten gebogen, so wird er nicht mehr so stark in die Länge wachsen. Bringen wir umgekehrt seine Endknospe in eine senkrechte Stellung, so wird sein Längenwachstum gefördert.
Oberseitenförderung: Alle Knospen auf der Oberseite eines waagerecht wachsenden Astes treiben besonders stark aus. Das gleiche gilt bei Ästen, deren Spitzenknospe nach unten gebogen wurde. Hier werden die dem Scheitelpunkt der Biegung am nächsten stehenden Knospen im Wachstum bevorzugt.
Da durch die Blattmasse an einem Zweig auch sein Dickenwachstum bedingt wird, nimmt ein Ast mit einer lang

austreibenden Endknospe auch schneller an Dicke zu als ein Ast mit mäßig austreibender Endknospe. Wenn wir einen weiter unten wachsenden Ast verdicken wollen, so lassen wir seine Endknospe senkrecht und lang austreiben. Erst wenn die gewünschte Dicke erreicht ist, schneiden wir diesen ausgewachsenen Trieb wieder stark zurück.

Der Formerhaltungsschnitt

Nach den Wachstumsregeln dient die Terminalknospe der Triebverlängerung. Will man nun eine stärkere Verzweigung, muß die Terminalknospe entfernt werden, um die Achselknospen zu stärkerem Wachstum anzuregen. Hierbei treibt die der neuen Spitze am nächsten lie-

Beim Formerhaltungsschnitt werden zu lang gewachsene Triebe eingekürzt und falsch stehende Äste und Zweige entfernt.

gende Knospe am stärksten aus, während Knospen, die näher der Triebbasis sitzen, weniger Förderung erfahren.
Beim Schnitt sollte darauf geachtet werden, daß die Knospe, auf die wir zurückschneiden, auf der Zweigunterseite liegt. Eine oberseits sitzende Knospe erführe eine so starke Förderung, daß die anderen Knospen an dem Zweig nur geringes Wachstum zeigen. Die beabsichtigte bessere Verzweigung würde also nicht erreicht.
Je nach Dicke des Astes wenden wir mit Hilfe der verschiedenen Bonsaiwerkzeuge unterschiedliche Schnittechniken an. Äste ab etwa Bleistiftstärke hinterlassen eine entsprechend große Wunde.
Um eine gute Wundverheilung zu fördern, sollte der Schnitt von den Wundrändern zur Mitte hin tiefer ins Holz gehen. Solch eine Schnittführung erreichen wir mit einer »Konkavzange«. Die anschließende Wundüberwallung kann sich so in das Stammprofil einpassen.
Wird der Schnitt zu flach geführt, ragt die spätere Wundüberwallung über das Stammprofil hinaus, was ein sicherlich unschönes Bild abgibt.
Zur besseren Überwallung decken wir große Wunden mit einem Wundverschlußmittel ab.
Bei dünneren Trieben setzen wir mit der normalen Bonsaischere einen glatten oder leicht schrägen Schnitt. Beim Schnitt dient die Knospe, über der wir den Trieb abtrennen wollen, als Orientierungshilfe. Der Schnitt endet immer in Höhe der Knospenspitze.
Bei einem glatten Schnitt beginnt er genau gegenüber der Knospenspitze. Führen wir bei einem etwas dickeren Zweig einen schrägen Schnitt aus, so beginnt er gegenüber vom Knospenansatz und führt dann schräg nach oben in die Höhe der Knospenspitze.
In beiden Fällen erreichen wir so eine optimale Wundverheilung bei gleichzeitiger Schonung der Knospe.
Wird der Schnitt zu nah an der Knospe ausgeführt, besteht die Gefahr, daß die Knospe anschließend austrocknet, da immer auch das Zweigstück oberhalb der Knospe zurücktrocknet. Setzen wir den Schnitt zu weit entfernt von der Knospe an, so erhalten wir ein recht langes, trockenes Zweigstück oberhalb der neuen Triebspitze.
Sind die Triebe zum Zeitpunkt des erforderlichen Schnitts noch nicht verholzt, sondern noch grün und weich, erfolgt das Einkürzen durch Abknipsen mit den Fingernägeln. Diese Methode nennt man Pinzieren.
In der Krone beginnen wir bei unserem Bonsai den Formerhaltungsschnitt. Ein bis zwei Wochen später beschneiden wir dann die Äste und Zweige im mittleren Drittel des Baumes. Wiederum ein bis zwei Wochen später erfahren die Äste und Zweige im untersten Drittel des Baumes ihren Formerhaltungsschnitt.
Auf diese Weise stellen wir sicher, daß alle Baumteile etwa gleich gute Entwicklungsmöglichkeiten vorfinden. Schneidet man alle Baumteile zur gleichen Zeit zurück, haben die Spitzentriebe immer einen Wachstumsvorsprung gegenüber den anderen Baumteilen. Im Laufe der Zeit würde die vormals ausgewogene Gestaltung aus der Balance geraten.

Wundverheilung

Jede Schnittmaßnahme stellt eine Verwundung des Pflanzenkörpers dar. Je nach Größe der Wunde braucht die Pflanze unterschiedlich lange Zeit, um die Wunde wieder zu verschließen. Bis zum vollständigen Verschluß stellt die Wunde eine ideale Einlaßstelle für holzzerstörende Krankheitserreger dar.
Ist die Wunde klein, so läßt der Baum das Zweigstück oberhalb der Knospe, über der wir den Schnitt gemacht haben, eintrocknen. Dort wird ein spezielles Abschlußgewebe gebildet.
Besonders gut sind milchsaftführende Bäume wie die Feigen geschützt. Der Milchsaft verklebt nach seinem Eintrocknen sehr schnell die Wunde.
Bei größeren Wunden wird das Kambium an den Wundrändern zu verstärktem Wachstum angeregt. Im Laufe der Zeit wird die Wunde langsam vollständig überwallt und verschlossen. An dieser Stelle entsteht eine Narbe, die wir auch nach Jahren noch sehen können. Bei sehr großen Wunden kann die Überwallung manchmal viele Jahre brauchen. In dieser Zeit ist der Holzkörper natürlich weitgehend schutzlos Eindringlingen ausgeliefert.
Wir sollten den Holzkörper für diesen Zeitraum durch das Auftragen eines Wundverschlußmittels schützen. Das Wundverschlußmittel deckt nicht nur die Wunde ab, sondern regt in vielen Fällen auch noch die Wundüberwallung an. Unter der schützenden Haut des Wundverschlußmittels kann der Baum nun in Ruhe seine Wunde überwallen.

Der Blattschnitt

Bei einem guten Bonsai sollten sich alle Pflanzenteile in guter Proportion zueinander befinden. Das gilt natürlich auch für die Blattgröße.
Haben wir einen Bonsai mit überproportional großen Blättern, können wir beim besten Willen nicht von einer ausgewogenen Gestaltung sprechen.
In der Regel wählen wir für die Bonsai-Gestaltung solche Baumarten aus, die bereits von Natur aus kleine Blätter haben. Teilweise bewirkt aber auch die spezielle Pflege eines Bonsai, daß ein Baum, der vormals große Blätter wachsen ließ, im Laufe der Zeit mit in der Größe reduzierten Blättern austreibt. Das geschieht aber nach und nach im Laufe mehrerer Jahre, und dieses Phänomen trifft zudem nicht bei jeder Baumart zu.
Sind einerseits die Blätter recht groß, eignet sich die entsprechende Baumart aber aus anderen Gründen dennoch zur Bonsai-Gestaltung, können wir die Blattgröße durch einen Blattschnitt reduzieren.
Den Blattschnitt führen wir nur bei einem absolut gesunden Bonsai durch, da diese Aktion einen deutlichen Eingriff in das innere Gleichgewicht des Baumes darstellt. An gerade umgetopften, neu gestalteten oder von Schädlingen befallenen Bäumen führen wir keinen Blattschnitt durch.
Außerdem führen wir einen Blattschnitt höchstens einmal pro Jahr durch.
Beim Blattschnitt entfernen wir von allen Blättern des Bonsai die Blattflächen, während wir die Blattstiele stehen las-

sen. Nach einigen Wochen (das ist von Baumart zu Baumart verschieden) treiben aus den Achselknospen neue Blätter aus, aber diesmal kleinere.
Damit der Bonsai überhaupt neu austreiben kann, müssen sich zunächst die Achselknospen gebildet haben (siehe dazu Baumaufbau). Wir schneiden also nur dann die Blätter ab, wenn sie bereits ausgewachsen sind und nicht direkt beim Austrieb. Während das Blatt aushärtet, bildet sich nämlich in seiner Achsel eine Knospe.
Erfahrungsgemäß ist die Blattgröße vom Versorgungsgrad der Pflanze mit Nährstoffen und von den Lichtverhältnissen abhängig.
Pflanzen, die zu dunkel stehen, bilden sehr große, weiche, krankheitsanfällige Blätter aus. Lichtmangel läßt die Blätter größer als normal werden. Hier hilft ein entsprechender Standortwechsel, um die Blattgröße in Zukunft wieder zu reduzieren.
Wenn über einen längeren Zeitraum eine Überversorgung des Bonsai mit Dünger stattgefunden hat, kommt es ebenfalls zur Ausbildung von größeren Blättern. Gleichzeitig ist der Bonsai ausgesprochen wuchsfreudig. Hier sollte man sich an die im speziellen Pflegeteil angegebenen Düngergaben und -rhythmen halten. Dort werden für jede Pflanze genaue Angaben gemacht.

Formkorrekturen mit Hilfe von Draht

Der Draht, den Sie an vielen Bonsai sehen, dient der Formkorrektur von Stamm, Ästen und Zweigen. Er wird spätestens wieder entfernt, wenn die gewünschte Korrektur erfolgt ist und der Baum in seiner neuen Form verbleibt.
Die mit Draht umwickelten Baumteile stabilisieren sich in der neuen Form durch ihr Dickenwachstum. Mit der Bildung von neuen Holzschichten verfestigt sich dabei der Baumteil in der neuen Richtung. Je nach Baumart dauert dieser Vorgang unterschiedlich lange. Bäume mit sehr hartem Holz brauchen in der Regel länger für die Stabilisierung der Richtungsänderung als Bäume mit eher weichem Holz.
Der Draht ist somit ein Gestaltungsmittel, nicht aber ein Gestaltungsmerkmal für einen Bonsai. Ein Baum ist nicht gleich ein Bonsai, weil er mit möglichst viel Draht umwickelt wurde. Umgekehrt muß ein Baum nicht unbedingt eingedrahtet sein, um als Bonsai zu gelten.

Drahten

Warum wird gedrahtet?

Wir wollen bei Bonsai das Abbild eines großen Baumes aus der freien Natur in klein darstellen. Dazu müssen häufig Stamm, Äste und Zweige diesem Bild angepaßt werden. Der große Baum hat im Laufe seines Lebens den verschiedensten Naturgewalten trotzen müssen, die aber durch ihre Einwirkung seine heutige Form prägten. So haben Schneelasten oder das Eigengewicht die aufwärts gerichteten jungen Äste nach unten gebogen. Wind und Sonne haben Richtungsänderungen im Stamm- und Astverlauf erzeugt, und Stürme haben den einen oder anderen Ast abgerissen oder verbogen.
All diese Naturgewalten bleiben unseren Bonsai weitgehend erspart, also müssen wir die Formung in die Hand nehmen. Mit Hilfe von Draht können wir so zumindest Richtungsänderungen bei den jeweiligen Baumteilen erzeugen.

Der richtige Zeitpunkt

Entscheidend für den späteren Erfolg ist der richtige Zeitpunkt fürs Eindrahten, aber auch fürs Entdrahten.
Grundsätzlich werden nur bereits verholzte Triebe eingedrahtet. Junge, noch weiche Triebe würden beim Drahten abgeknickt.
Die günstigste Zeit fürs Drahten ist das zeitige Frühjahr, weil zu diesem Zeitpunkt der Saftstrom noch nicht wieder seine volle Kraft erreicht hat. Bei Bäumen, die schon voll im Saft stehen, besteht die Gefahr, daß wir beim Eindrahten Rindenteile abquetschen.
Bei Halbzimmer-Bonsai, die den Winter über ihr Laub verlieren, kommt der Vorteil hinzu, daß wir ohne die beim Drahten störenden Blätter arbeiten können.

Wann wird der Draht entfernt?

Entfernt werden muß der Draht auf jeden Fall, wenn er einzudrücken beginnt. Durch das Dickenwachstum strebt die Rinde des Baumes immer mehr auf den Draht zu und beginnt ihn bald zu überwallen. Besonders schnell überwallt der Baum den Draht an Druckstellen. Solche Druckstellen treten meistens an den Innen- oder Außenseiten von starken Biegungen auf.
Erkennt man diesen Zeitpunkt nicht rechtzeitig, hinterläßt der zu spät entfernte Draht unschöne Spuren auf der Rinde, die nie wieder vollkommen unsichtbar werden.
Bereits vollständig eingewachsener Draht kann nicht mehr entfernt werden, ohne den Baum zu gefährden. Da der eingewachsene Draht den Baum nicht unbedingt in seiner Existenz gefährdet, werden hier lediglich die einzelnen Drahtschlaufen durchgekniffen, was eine Entlastung für den Saftstrom bringt.
Entfernt wird der Draht mit Hilfe einer speziellen Bonsai-Drahtzange, die nach dem Prinzip des Seitenschneiders arbeitet. Mit diesem Spezialwerkzeug können wir die einzelnen Drahtschlaufen durch-

kneifen, ohne dabei die Baumrinde zu verletzen.
Bei der Entfernung des Drahtes arbeiten wir in umgekehrter Richtung als beim Eindrahten, also von außen nach innen und von oben nach unten. Dabei werden die dünnen Drähte zuerst entfernt. Danach kneift man dann die dickeren Drähte durch.
Auf keinen Fall sollte man den Draht abwickeln. Hierbei besteht die Gefahr, daß kleine Zweige abgeknickt oder gar ganze Äste abgebrochen werden.
Nach dem Entfernen des Drahtes beobachten wir den Baum einige Zeit sehr aufmerksam. Es kann sein, daß sich der Baum in der neuen Form noch nicht ausreichend stabilisiert hatte und sich nun langsam wieder in seine vor dem Drahten eingenommene Form zurückbewegt. Für uns heißt das, daß der Baum erneut eingedrahtet werden muß, bis die beabsichtigte Formveränderung stabil bleibt.

Die Technik des Drahtens

Zunächst einige Bemerkungen zur Wickelrichtung des Drahtes:
- Der Draht wird immer auf der Außenseite einer Biegung entlanggeführt.
- Kommt die Drahtführung von oben auf den Ast zu, wird abwärts gedrückt.
- Soll der Ast aufwärts gedrückt werden, muß der Draht von unten auf den Ast zukommen.
- Werden die Drahtwindungen im Uhrzeigersinn um den Ast gelegt, wird er auf der rechten Baumseite nach hinten gedrückt, während er auf der linken Baumseite nach vorne geholt wird.
- Umgekehrt ist es bei der Drahtung im Gegenuhrzeigersinn.

Jetzt muß die richtige Drahtstärke bestimmt werden. Der Draht sollte immer ein wenig mehr Festigkeit als der zu drahtende Pflanzenteil aufweisen.
Meist kommen wir mit einem Draht aus, der etwa $\frac{1}{3}$ der Dicke des zu drahtenden Baumteils hat. Hat man einen zu dünnen Draht genommen, bleibt der Baumteil nicht in der gewünschten Position stehen. In diesem Fall umwickeln wir den Baumteil parallel zu dem ersten Draht mit einem zweiten und wenn nötig mit einem dritten Draht gleicher Stärke.
Die Drahtung erfolgt immer von unten nach oben und von innen nach außen, wobei wir zunächst die dicksten Baumteile und dann die immer feiner werdenden Baumteile mit Draht umwickeln.
Der Draht wird in gleichmäßigen 45°-Windungen um den Baum gewunden. Bei einem deutlich größeren Winkel erzielen wir nicht die nötige Stabilität, obwohl wir die richtige Drahtstärke gewählt haben. Kleinere Winkel erfordern eine größere Drahtmenge, was den Saftstrom nur unnötig behindert.
Der Draht soll der Rinde eng anliegen, sich in diese aber nicht eindrücken. Achten Sie darauf, daß zwischen Draht und Rinde keine Zwischenräume entstehen. Weder Blätter noch Knospen dürfen beim Drahten verletzt oder mit eingedrahtet werden. Eingedrahtete Blätter sterben ab und stellen einen Fäulnisherd dar.
Grundsätzlich drahten wir natürlich nur

die Baumteile ein, die auch tatsächlich einer Korrektur bedürfen.
Mit dem Stamm beginnen wir bei der Drahtung. Dazu nehmen wir ein Drahtstück, welches etwa um $^1/_3$ länger ist als der Stammteil, der gedrahtet werden soll. Möglichst nah am Stammfuß stekken wir das eine Ende des Drahtes möglichst tief im 45°-Winkel in den Boden, damit der Draht Halt bekommt. Nun greifen wir mit der einen Hand (Drahtungshand) den Draht weit am freien Ende und führen ihn in gleichmäßigen Windungen nach oben. Mit der anderen Hand (Führhand) unterstützen wir die Führung des Drahtes.
Als nächstes werden die Äste und Zweige mit Draht umwickelt. Nach Möglichkeit werden zwei etwa gleichstarke Äste mit einem gemeinsamen Draht korrigiert. Hierbei müssen wir immer darauf achten, daß die Drahtung genügend Stabilität bekommt. Nach der Drahtung des einen Astes versuchen wir immer, den Stamm als Stabilitätsfaktor mit einzubeziehen, indem wir mindestens eine Drahtwindung um den Stamm führen, bevor wir den zweiten Ast eindrahten.
Bei Zweigen suchen wir an dem jeweiligen Ast den nötigen Halt.
Wird dieses Grundgesetz der Drahtung nicht befolgt, besteht die Gefahr, daß die beabsichtigte Formkorrektur nicht erreicht wird.
Je nach der Stellung der beiden Äste oder Zweige zueinander wenden wir verschiedene Techniken an:

● *Zwei Äste setzen in verschiedenen Höhen am Stamm an:* Auf der Rückseite des unteren Astes legen wir den Draht an und umwinden ihn einige Male. Nun führen wir das andere Ende des Drahtes parallel zur Stammdrahtung bis zum nächsten Ast hinauf. Der zweite Ast wird zunächst ganz eingedrahtet. Danach erst drahten wir den ersten Ast zu Ende.

● *Zum untersten Ast gibt es keinen gleichstarken zweiten Ast:* Hier gehen wir ähnlich wie bei der Stammdrahtung vor. Wir stecken das eine Ende des Drahtes nah am Stamm in den Boden, gehen parallel zur Stammdrahtung zum Astansatz und drahten ihn ein.

● *Gegenständige Äste:* Bei der Gestaltung von Bonsai achtet man darauf, daß nach Möglichkeit Symmetrie vermieden wird. Entsprechend entfernt man normalerweise von einem Astquirl alle Äste

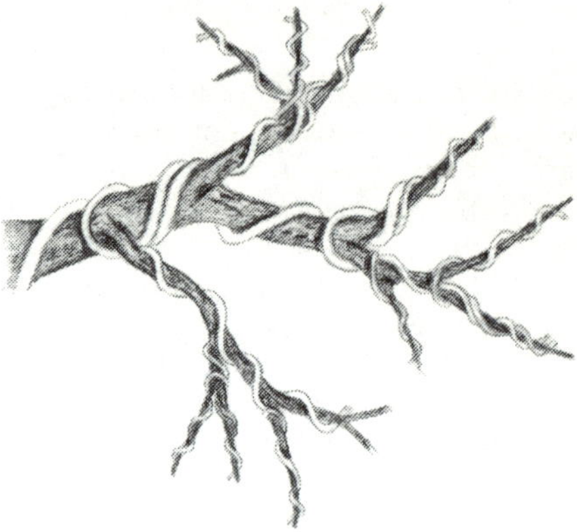

Je nach Aststärke werden verschieden starke Drähte verwendet. Werden zwei Zweige mit einem Draht korrigiert, führen wir den Draht parallel zu einem eventuell vorhandenen ersten Draht von einem Zweig zum anderen.

bis auf einen. Manchmal läßt es sich aber nicht vermeiden, daß wir doch zwei Äste in gleicher Höhe stehen lassen müssen. In diesem Fall ist die Drahtungstechnik recht schwierig.
Wir beginnen auf der Unterseite der beiden Äste mit der Drahtung. Zunächst wird ein Ast vollständig eingedrahtet. Dann nehmen wir das freie Drahtende und führen es schräg nach oben über den zweiten Ast. Anschließend führen wir den Draht zur Unterseite und kommen nun über die Oberseite des Astes zur eigentlichen Drahtung.

● *Zwei Äste bilden eine Astgabel:* Wir legen die Mitte des Drahtes auf die Rückseite der Astgabel, kommen mit beiden Drahtenden unter den Ästen nach vorne und gehen mit den Drahtenden zwischen den Ästen nach oben. Zunächst führen wir einige Windungen an dem einen Ast durch, drahten dann aber den anderen Ast vollständig ein, bevor wir den ersten Ast bis zur Spitze durchdrahten.

Andere Methoden der Formkorrektur

Neben dem Draht haben wir noch andere Möglichkeiten, um eine gewünschte Richtungsänderung zu erzielen. Sie werden folgend beschrieben.

● *Mit Spanndrähten* lassen sich Äste und Zweige in die gewünschte Richtung ziehen. Zur Befestigung der Spanndrähte benötigen wir Haltepunkte. Der am häufigsten gewählte Haltepunkt ist die Schale. Dazu legen wir um die Schale einen Draht, der möglichst nahe der Spannrichtung liegt. Nun können wir einen Draht über den Ast legen, beide Drahtenden zum Haltedraht führen und hier miteinander verdrehen. Mit einem kleinen Stück Draht werden nun die parallel laufenden Drahtseiten umeinander verdreht. Dadurch wird die Drahtlänge verkürzt und der Ast heruntergebogen.
An diesem Ast können wir nun den Spanndraht für einen weiter oben liegenden Ast beginnen lassen.
Die Stelle, an der der Spanndraht seine Kraft an dem Ast angreifen läßt, wird mit einem Gummistreifen unterfüttert. So drückt er sich nicht so schnell in die Rinde des Astes ein.

● *Mit Gewichten* kann ein Ast ebenfalls heruntergebogen werden. Als Gewicht kann hier ein mit Sand gefülltes Leinensäckchen dienen.

● *Mit Spreizhölzern* können wir den Winkel zwischen dem Stamm und einem Ast oder zwischen zwei Ästen verändern. Dazu schneiden wir ein schmales Brettchen auf die gewünschte Länge zu und kerben beide Enden ein. Nun können wir das Brettchen zwischen die beiden Äste klemmen und sie dadurch auseinanderspreizen.

Spezielle Bonsai-Formen selbst gestalten

Um die verschiedenen Grundstilarten zu gestalten und zu erhalten, müssen wir bei den Schnittmaßnahmen unterschiedlich vorgehen (siehe auch Grundstilarten).

Streng aufrechte Form

Die streng aufrechte Form des Stammes läßt sich in der Regel durch reine Schnittmaßnahmen erhalten. Hierbei müssen wir darauf achten, daß bei jedem neuen Schnitt die Knospe, auf die wir zurückschneiden, der Knospe der vorherigen Schnittmaßnahme gegenüberliegt. In der Summe betrachtet heben sich die kleinen Richtungsänderungen auf, und wir behalten einen geraden Stamm.
Teilt sich die Stammspitze in mehrere Triebe auf, weil zwei gleichstarke Knospen unterhalb des Schnitts entspringen, müssen wir eine Knospe frühzeitig entfernen. Hierbei wird die überschüssige Knospe vor ihrem Austrieb herausgebrochen. Dies gilt vor allem für Pflanzen mit gegenständigen Knospen und für Pflanzen, deren Internodien sehr gestaucht sind. Hier sind die Abstände zwischen den einzelnen Knospen extrem klein.
Wollen wir aus einem Baum aus dem Garten-Center eine streng aufrechte Form gestalten, müssen wir meist Stamm und Äste beim ersten Gestalten drahten. Die weitere Gestaltung erfolgt dann durch den Schnitt.

Frei aufrechte Form

Die Äste setzen normalerweise an der Außenseite der Windungen am Stamm an. Auch bei dieser Form werden die Äste von unten nach oben immer dünner und kürzer. Die Spitzen der Äste sind mehr oder minder stark nach unten gebogen.
Zur Stammverlängerung schneidet man auf eine Knopse zurück, die in die Richtung der neuen Richtungsänderung zeigt. Beim nächsten erforderlichen Schnitt schneiden wir auf eine Knospe zurück, die in dieselbe Richtung weist

Seite 35:
Oben: Ölweide *(Eleagnus pungens)* in frei aufrechter Form.
Unten: Schefflera *(Schefflera digitata)* als Gruppenpflanzung.

Seite 36:
Oben: Fukien-Tee *(Carmona microphylla)* als Halbkaskade.
Unten: Birkenfeige *(Ficus benjamina)*; Mehrfachstamm in frei aufrechter Form mit besonders schönem Wurzelhals.

Seite 37:
Sageretie *(Sageretia theezans)* in frei aufrechter Form mit schönen Astetagen und gutem Wurzelansatz.

wie bei dem vorherigen Schnitt. Nur so erreichen wir auch wirklich eine deutliche Richtungsänderung im Stammverlauf.
Eine andere Möglichkeit, eine deutliche Richtungsänderung zu erreichen, ist das schräge Eintopfen des Bonsai. Hierbei pflanzen wir den Baum so ein, daß ein Zweig, der vorher waagerecht stand, nun zur neuen Spitze des Baumes wird. Die ehemalige Baumspitze wird zu einem Seitenzweig umfunktioniert.
Beim nächsten Umtopfen gehen wir gleich so vor, daß ein Zweig, der vorher in eine andere Raumrichtung zeigte, nun die Funktion der Baumspitze übernimmt.
Bei der Gestaltung einer frei aufrechten Form aus einem Bäumchen aus dem Garten-Center kommen wir nicht umhin, die erste Gestaltung mit Hilfe von Draht vorzunehmen. Der Draht zwingt den Stamm, sich in den neu geschaffenen Stammwindungen zu stabilisieren. Nach einer entsprechenden Wachstumszeit bleiben die Windungen auch nach der Entfernung des Drahtes erhalten.

Seite 38:
Oben links: Baum der tausend Sterne *(Serissa foetida);* Zweifachstamm.

Unten links: Blüten vom Baum der tausend Sterne.

Oben rechts: Steineibe *(Podocarpus macrophylla)* in frei aufrechter Form.

Unten rechts: Die interessanten Früchte der Steineibe.

Die Besenform

Bei dieser Form wird der Formerhaltungsschnitt so durchgeführt, daß alle Triebe, die über die Kronensilhouette hinausragen, wieder auf die Ausdehnung der Krone zurückgenommen werden. Zusätzlich sollte alle 2–3 Jahre die Krone ausgelichtet werden, so daß wieder mehr Licht in das Innere der Krone fallen kann und hier neuer Austrieb erfolgt. Wird das Ausdünnen der Krone vernachlässigt, haben wir bald nur noch an der Kronenperipherie Belaubung, während das Innere der Krone verkahlt.
Bei der Gestaltung einer Besenform aus einer Garten-Center-Pflanze schneiden wir zunächst den Haupttrieb auf die gewünschte Stammlänge zurück. Meist treibt der Baum aus mehreren Knospen und eventuell schlafenden Augen unterhalb der Schnittstelle aus. Diese neuen Triebe werden nun bei den weiteren Schnittmaßnahmen gleich behandelt. Wir versuchen also, aus den Trieben durch den Schnitt eine schirmförmige Krone aufzubauen.
Wachsen die Triebe zu stark auseinander, werden sie für einige Wochen mit Hilfe von Bast zu einem Reisigbesen zusammengebunden. Wird der Bast wieder entfernt, bleiben die Triebe in Zukunft enger beieinander.
Sollten die Triebe schon von Beginn an zu eng beieinanderstehen und läßt sich dieser Makel nicht durch Ausdünnen beheben, müssen sie mit Spanndrähten auseinandergezogen werden.

Die Kaskade

Bei den meisten Bäumen streben die Triebspitzen wieder nach oben, der Sonne entgegen. Durch bloßen Beschnitt können wir das Bestreben der Triebe, sich wieder aufzurichten, nicht verhindern. Hier müssen von Zeit zu Zeit die neuen Triebe wieder in die Kaskadenform zurückgedrahtet werden.
Wollen wir aus einer Garten-Center-Pflanze eine Kaskade selbst gestalten, wählen wir eine Baumart, die recht langsam wächst. Bei allen schnellwüchsigen Arten erinnert der Versuch, daraus eine Kaskade zu erhalten, an Don Quichottes Kampf gegen die Windmühlen.
Zusätzlich sollte der Stamm eine noch ausreichende Flexibilität für ein stärkeres Verbiegen haben. Im Prinzip ist die Gestaltung einer Kaskade ähnlich einer frei aufrechten Form, nur daß hier der Baum nach unten geneigt ist.
Bei einem *Mehrfachstamm* wachsen, wie sein Name schon sagt, aus einem Wurzelbereich mehrere unterschiedlich starke und lange Stämme. Wir verwenden eine ungerade Anzahl an Stämmen. Die einzige Ausnahme bildet hier der Zweifachstamm.
Die Anordnung der Stämme gleicht der einer Waldpflanzung.
Wollen Sie aus einer Garten-Center-Pflanze selbst einen Mehrfachstamm formen, suchen wir zunächst nach einer Pflanze, die bereits mehrere Stämme hat. Ist keine geeignete Pflanze zu finden, können wir über einen etwas längeren Weg aus einer einstämmigen Pflanze einen Mehrfachstamm gestalten.
Wir schneiden zunächst das Stämmchen kurz über dem Wurzelansatz ab. Nach einiger Zeit wachsen aus dem Stumpf viele neue Triebe in der Form eines Reisigbesens. Sie kennen dieses Phänomen sicherlich von Baumstümpfen im Wald.
Recht früh reduzieren wir die Menge der Triebe auf die Anzahl der gewünschten Stämmchen. Im Verlauf der nächsten Jahre können wir dann die einzelnen Stämmchen in die geplante Form bringen.

Ein Wald wird gestaltet

Gerade eine Waldpflanzung ist besonders gut geeignet, um einem noch unerfahrenen Bonsai-Freund als Übung für die erste eigene Gestaltung zu dienen. Nicht nur, daß die Bäume für eine Waldpflanzung nicht so stark durchgeformt sein müssen wie bei einer Einzelpflanze, sondern auch, weil meist direkt nach der Pflanzung des Waldes schon eine ansehnliche eigene Gestaltung vorliegt. Wird aus einer Garten-Center-Pflanze eine Einzelpflanze geformt, so muß man meist eine geraume Zeit Geduld haben, bis der beabsichtigte Eindruck erzielt worden ist. Bei einer Waldpflanzung wirken nicht so sehr die Einzelbäume, sondern die Gesamtkomposition auf den Betrachter. Der wesentliche Eindruck ist meist bereits direkt nach dem Einpflanzen zu bewundern.

Bonsai selbst gestalten

Ein Wald wird gestaltet

Zur Waldgestaltung benötigen wir eine ungerade Zahl von Bäumen (hier: *Ficus benjamina*) aus dem Gartencenter und eine flache, großflächige Schale. Die Bäume sollten unterschiedlich dick und hoch sein und möglichst gut verzweigt.

Zunächst werden die Bäume durch einen Formschnitt in die entsprechende Form gebracht.

Vorsichtig wird der Wurzelballen gelockert, und die Wurzeln werden dann so um ein Drittel gekürzt, daß ein möglichst flacher Wurzelballen entsteht. Häufig findet man bei solchen Bäumen sehr dicke Wurzeln, die tief ins Erdreich reichen. Solche Wurzeln werden stark eingekürzt. Eventuell vorhandene Gittertöpfchen werden vorsichtig entfernt.

Die Bäume werden zur Probe in der Schale aufgestellt. Der Hauptbaum wird etwa $^1/_3$ vom Außenrand aufgestellt. Den 2. Baum stellen wir seitlich weiter nach hinten. Mit dem 3. Baum (4) bilden sie ein ungleichschenkliges Dreieck.

Die zweite Dreiergruppe wird etwas weiter nach hinten auf der Freifläche aufgestellt. Der 7. Baum bildet mit den beiden Dreiergruppen auch wieder ein ungleichschenkliges Dreieck.

Große Bäume kommen in den optischen Vordergrund, kleinere Bäume bilden den optischen Hintergrund. Niemals stehen drei Bäume in einer Linie.

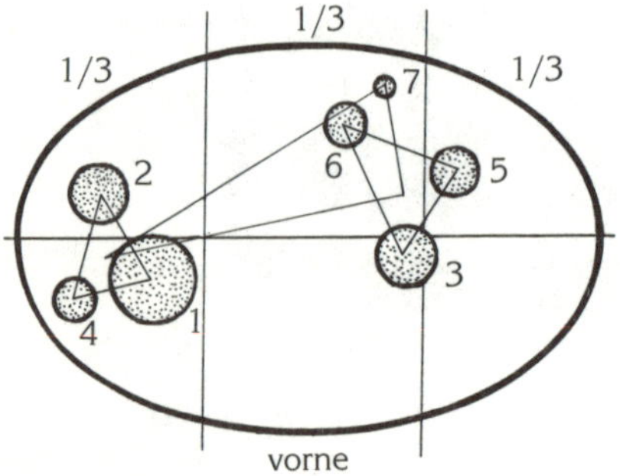

Pflanzschema, Aufsicht.

Trockene japanische Bonsai-Erde wird mit einem Eßstäbchen zwischen die Wurzeln gestochert. Nur wenn die Wurzeln Kontakt mit der Erde haben, können sie Wasser und Nährsalze aufnehmen.

Beim Wässern wird die japanische Bonsai-Erde dunkel. Sobald die Erde wieder hell wird, muß gewässert werden.

Die fertige Waldpflanzung wird nun hell, aber sonnengeschützt aufgestellt und nicht gedüngt. Sobald die Bäume neu auszutreiben beginnen, können wir die Bäume langsam sonniger aufstellen und mit dem Düngen beginnen. Im Laufe der Zeit verzweigen sich die Bäume immer mehr, und der Wald gewinnt einen immer natürlicheren Eindruck. Sobald sich die Erde gesetzt hat, können wir eine Unterpflanzung hinzupflanzen.

Auch ein Bonsai hat eine Vorderseite

Ein guter Bonsai hat eine Vorder- und eine Rückseite. Die Vorderseite eines Bonsai ist meist durch einen freien Durchblick auf den Stamm gekennzeichnet. Zusätzlich neigt sich bei gewundenen Stämmen die Krone leicht zum Betrachter hin.
Die Äste der Rückseite weisen vom Betrachter weg in die optische Tiefe. Die Rückseite ist also stärker beastet als die Vorderseite des Bonsai.
Von oben betrachtet stehen niemals zwei Äste genau übereinander. Die Verbindungslinien bilden eine um den Stamm laufende Spirale, wobei die Windungen von unten nach oben immer enger werden.
Von vorne gesehen bildet die Silhouette ein ungleichschenkliges Dreieck. Gleiches gilt für die Zweige an einem Ast, auch ihre Verbindungslinien bilden ein ungleichschenkliges Dreieck.
In einer rechteckigen oder ovalen Schale wird ein Bonsai nie genau in die Mitte gepflanzt. Er wird leicht versetzt von der Mitte zu einer der beiden Schmalseiten hin plaziert. Auf die größere Freifläche in der Schale weist der erste Hauptast.
In eine quadratische oder runde Schale pflanzen wir den Bonsai genau in die Mitte. Ebenso werden eine Kaskade oder eine Halbkaskade in ihre hohen Schalen genau in die Mitte gepflanzt.

Bonsai selbst gestalten

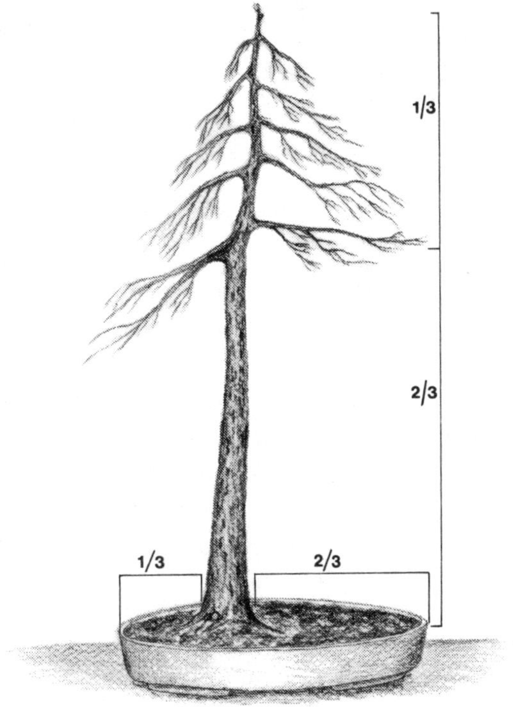

Die Astsilhouette bildet ein ungleichschenkliges Dreieck. Hierdurch wird eine unnatürlich wirkende Symmetrie vermieden.

Um eine harmonische Wirkung zu erzielen, ist hier das Verhältnis zwischen unbeastetem Stamm und Krone ca. $^{2}/_{3}$ zu $^{1}/_{3}$. Ebenso ist das Verhältnis zwischen Stammansatz zum linken Schalenrand und Stammansatz zum rechten Schalenrand. Niemals wird der Baum bei einer ovalen Schale genau in die Mitte gepflanzt.

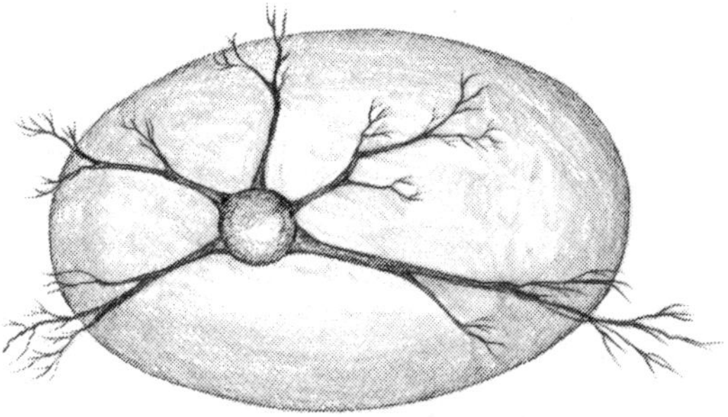

Von oben betrachtet stehen keine zwei Äste genau übereinander. Um optische Tiefe zu erreichen, sind auf der Vorderseite keine, auf der Rückseite hingegen gut verzweigte Äste.

Die Auswahl der Schale

Für eine gelungene Bonsai-Gestaltung ist die Auswahl der richtigen Schale unerläßlich. Baum und Schale müssen sich ergänzen und zu einem Gesamtkunstwerk verschmelzen. Nur so trägt eine Gestaltung mit Recht den Namen Bonsai = Baum in der Schale.
Im Handel werden Schalen in den verschiedensten Formen, Größen und Farben angeboten. Bei besonders schönen und wertvollen Bäumen sollte man auf eine handgefertigte Schale zurückgreifen, da eine solche Schale viel besser auf die wertvolle Pflanze abgestimmt werden kann.
Mittlerweile gibt es auch in Deutschland einige, wenn auch wenige sehr gute Keramiker von Bonsai-Schalen, die eigentlich für jeden Baum die zu ihm passende Schale formen können.
Für die Auswahl der Schale sind die beabsichtigte Form, Dicke, Art und Anzahl der Bäume entscheidende Kriterien. So braucht eine Kaskade eine tiefe Schale als Gegengewicht zum Baum, während eine streng aufrechte Form eine eher flache, großflächige, rechteckige oder ovale Schale braucht. Für eine Waldpflanzung wählen wir eine großflächige Schale aus.
Bei Einzelbäumen orientiert sich die Höhe des Schalenrandes an der Dicke des Stammes. Dicke des Stammes und Höhe des Schalenrandes sollten einander in etwa entsprechen. Der größte Durchmesser der Schale entspricht etwa $^2/_3$ der Baumhöhe.
Bei der Auswahl der Farbe der Schale kann man sich an der Laub- und Blütenfärbung orientieren. Konnte man sich bei der Auswahl der Schalenform noch nach eher mathematischen Gegebenheiten richten, erfordert die Farbauswahl doch eine geschultere Ästhetik.
Bei einer eher schlichten Baumform sollte auch die Glasur der Schale in zurückhaltenden Farben gehalten sein, wenn nicht ganz auf eine Glasur verzichtet wird. Glasurfarben können aber auch mit Symbolwirkung eingesetzt werden. So kann die Farbe Blau die Farbe des Meeres oder des Himmels widerspiegeln. Grüntöne können die Frische des Waldes ausdrücken und Brauntöne Erdverbundenheit vermitteln.
Weder Farbe noch Form der Schale dürfen mit dem Baum oder den Bäumen in Konkurrenz treten. Die Schale sollte vielmehr die Wirkung der Pflanzung unterstreichen. Auf Form- und Farbeffekte sollte verzichtet werden, wenn es nicht die Gesamtgestaltung erfordert.

Krankheiten und Schädlinge

Bestens geschützt gegen Krankheiten und Schädlinge sind die Pflanzen, die kräftig sind, weil sie unter optimalen Wachstumsbedingungen — Licht, Luft, Wärme, Nährstoffe und Wasser — leben. Bekommt eine Pflanze z. B. im Winter zuwenig Licht bei gleichzeitig zuviel Wärme, wächst sie kümmerlich weiter. Solche Triebe sind äußerst geschwächt und krankheitsanfällig.

Ursachen für Pflanzenkrankheiten und deren Bekämpfung

Neben falschen Pflegebedingungen können eine Reihe tierischer und pflanzlicher Parasiten unsere Zimmerbonsai schädigen. Ebenso kann unsauberes Werkzeug beim Beschneiden der Bonsai Krankheiten von einer Pflanze zur anderen übertragen. Das Werkzeug sollte nach jedem Gebrauch sorgfältig gesäubert werden.
Beim Kauf einer neuen Pflanze ist darauf zu achten, daß diese gesund und schädlingsfrei ist. Meist ist das an einer gesunden Laubfärbung zu erkennen. Zu leicht werden auf diesem Wege sonst Krankheiten und Schädlinge in die Sammlung eingeschleppt.
Sollte trotz richtiger Pflege einmal ein Schädlingsbefall der Bonsai vorkommen, ist es ratsam, zur Schädlingsbekämpfung, wenn nötig, das geeignete chemische Mittel so sparsam wie möglich einzusetzen. Viele chemische Pflanzenschutzmittel sind nicht ungefährlich für die Umwelt, unsere Haustiere und nicht zuletzt auch für uns selbst.
Wann immer möglich sollte man auf alternative Methoden der Schädlingsbekämpfung ausweichen. So kann z. B. bei einem leichten Befall durch Blattläuse bereits ein kräftiger Strahl mit der Dusche die Plagegeister vernichten.
In jedem größeren Garten-Center finden wir zudem eine ganze Reihe biologischer Spritzmittel gegen die verschiedensten Schädlinge. Gegen alle Insekten hilft da häufig ein pyrethrumhaltiges Spritzmittel.
Im Zweifel sollte man mit seinem Bonsai einen Bonsai-Fachhändler aufsuchen, der einem meist auch weiterhelfen kann.

Schädlinge und Krankheiten erkennen

Bei der täglichen Pflege achten wir auf alle ungewöhnlichen Veränderungen an unserem Bonsai. Besonders an den Blattunterseiten, in den Blattachseln und an den jungen Triebspitzen finden wir Insekten als Schädlinge. Ebenso können Blattverfärbungen, schlaffes Herunterhängen der Blätter oder ungewöhnliche Verkrümmungen der jungen Triebe auf Krankheiten hindeuten.

Krankheiten

Blattfall: Hier kann die Ursache zuviel oder zuwenig Feuchtigkeit sein.
Blattfleckenkrankheit: Verschiedene Pilzarten führen zu meist schwarzen Flecken auf den Blättern. Sind nur wenige Blätter befallen, hilft Entfernen dieser Blätter. Bei größerem Befall muß ein Pilzmittel gespritzt werden.
Blattläuse: Schwarze, rötliche, grüne oder gelbliche kleine Insekten saugen in Gruppen an den Leitungsbahnen junger Triebe. Auf den klebrigen Ausscheidungen siedeln sich schwarze Rußtaupilze an. Hier hilft Spritzen mit einem Pyrethrum-Präparat.
Braune Flecken auf den Blättern: Ursache können ein zu kalter Standort, Kaliummangel oder Sonnenbrand sein.
Gelbe Blätter mit grünen Blattadern: Die Pflanze hat einen Eisenmangel und kann nicht genügend Blattgrün bilden. Das kann auch ausgelöst werden durch zu kalkhaltiges Gießwasser, zu kalten Standort oder Staunässe. Abhilfe schafft Spritzen oder Gießen mit Fetrilon (Eisenpräparat).
Gelbe Blätter: Bei laubabwerfenden Pflanzen im Herbst normale Färbung. Ebenso werden einige alte Blätter vor dem Abwurf gelb. Werden viele Blätter in der Wachstumszeit gelb, können zuviel oder zuwenig Feuchtigkeit und Zugluft die Ursache sein.
Grauer Schimmel: Tritt auf bei zu hoher Luftfeuchtigkeit und wenig Luftbewegung. Die Pflanzen luftig aufstellen und nicht übersprühen bringt Abhilfe.
Minierfliegen: Die Larven der Minierfliege bohren Gänge zwischen der Ober- und Unterhaut der Blätter, wodurch helle Gänge entstehen. Man sollte die befallenen Blätter entfernen.
Spinnmilben oder rote Spinne: Die Blätter werden auf den Oberseiten weiß gesprenkelt, später grau und fahl, vertrocknen und fallen ab. Auf den Blattunterseiten finden wir spinnwebartige Überzüge. Durch Schütteln der Blätter über einem weißen Stück Papier können wir kleine rote, gelbe oder grüne Punkte auf dem Papier sehen. Bekämpfung durch Erhöhung der Luftfeuchtigkeit und mit Pyrethrum.
Weiße Fliege: Die weißgepuderten Insekten fliegen bei Berührung auf. Die Larven sitzen wie Schildläuse auf der Blattunterseite. Ähnliche Blattverschmutzungen wie beim Auftreten von Blattläusen. Bekämpfung durch wiederholtes Spritzen mit Pyrethrum.

Die wichtigsten Zimmerbonsai

Die Pflege spezieller bonsaigeeigneter Pflanzen kann zum Teil von den allgemeinen Pflegehinweisen abweichen. Sie sind daher besonders zu beachten.
Die Auflistung der Hinweise folgt für alle Pflanzen einem gleichen Schema: Botanischer und deutscher Name, Herkunft und Wuchsform, Standortbedingungen im Zimmer, Gießen und Düngen, Umtopfintervalle, Formerhaltung.

Zimmer-Buchsbaum

Buxus harlandii (syn. *Buxus microphylla*)

Herkunft und Aussehen: Die Buchsbaumgewächse bilden eine kleine Pflanzenfamilie mit 6 Gattungen. Der bekannteste Vertreter ist der bei uns beheimatete Gewöhnliche Buchsbaum *(Buxus sempervirens)*. Vor allem in Gärten, die im englischen Stil angelegt wurden, finden wir ihn häufig sehr kunstvoll beschnitten. Der Gewöhnliche Buchsbaum ist nicht zimmerhart und kann nur als Freiland-Bonsai gehalten werden.
Der als Zimmer-Bonsai geeignete *Buxus harlandii* entstammt der einzigen Buxus-Gattung, die in den Subtropen vorkommt. Alle anderen Buchsbaum-Gattungen finden wir in den gemäßigten Breiten.
Buxus harlandii hat seine Heimat in Ostasien und den wärmeren Gegenden Japans.
Unbeschnitten hat er eine sehr buschige Form oder die eines kleinen Baumes. Die Borke ist hell und tiefrissig. Die Blätter sind stiellos, länglich-eiförmig, ledrig glänzend und an den Rändern leicht eingerollt.
Standort: *Buxus harlandii* kann das ganze Jahr über an einem hellen, kühlen Fenster im Zimmer stehen. Im Sommer ist er aber für einen halbschattigen Standort im Freien dankbar. Im Winter steht er in einem kühlen Zimmer bei 10–15 °C an einem hellen Fenster.
Pflege: Da der Buchsbaum sehr harte Blätter hat, ist er auf kürzere Trockenperioden eingestellt. Wir lassen im Sommer die Erde vor dem kräftigen Wässern leicht antrocknen, während wir im Winter nur sparsam gießen.
Gedüngt wird im Sommer alle 4 Wochen und im Winter alle 6 Wochen mit einem Flüssigdünger in halber Konzentration.
Umgetopft wird alle 2 Jahre im zeitigen Frühjahr mit einem Wurzelschnitt.
Gestaltung: Sobald sich 6–8 Blattpaare gebildet haben, schneiden wir auf 2–3 Blattpaare zurück. Gedrahtet werden können das ganze Jahr über bereits verholzte Triebe.

Kamelie

Camellia japonica

Herkunft und Aussehen: Die Wildformen kommen aus Ostasien. Mittlerweile gibt es neben den 80 Wildformen viele tausend Zuchtformen mit vielen verschiedenen Sorten. Der bekannteste Vertreter dieser Gattung ist der Teestrauch *(C. sinensis)*. Er ist bei uns aber nur schwer zu pflegen. Kamelien sind immergrüne Sträucher oder kleine Bäume mit lederigen, elliptischen bis länglich-eiförmigen, gesägten Blättern. Schön ist ihre Blüte in den verschiedensten Farben.

Pflege: Kamelien lieben einen sauren, humosen Boden (pH 4,5) und kalkarmes Wasser. Im Sommer gut feucht halten. Im Winter etwas weniger gießen, aber nicht trocken werden lassen. In der Hauptwachstumszeit wird alle 2 Wochen mit einem stickstoffbetonten Dünger gegossen. Im Winter nicht düngen. Umtopfen alle 2–3 Jahre mit einem Wurzelschnitt.

Standort: Im Sommer an einem halbschattigen, warmen Standort im Freien, da die Blütenknospen bei 23 °C am besten angelegt werden. Im Winter um 12 °C bei erhöhter Luftfeuchtigkeit. Die Blütenknospen werden bei höheren Wintertemperaturen und niedriger Luftfeuchtigkeit leicht abgeworfen.

Gestaltung: Nach der Blüte werden die Triebe auf 2–3 Blätter zurückgeschnitten. Ende Januar, Anfang Februar zum letztenmal schneiden, da sonst keine Blütenbildung. Meist kommt es pro Jahr nur zu einer Triebbildung, daher ist auch kein häufigeres Schneiden notwendig. Gedrahtet werden verholzte Triebe vom Frühjahr bis zum Herbst.

Fukien-Tee

Carmona retusa X

Herkunft und Aussehen: Südchina und Südostasien; immergrüner Strauch oder kleiner Baum mit derben, gelappten Blättern; Blätter oberseits mit kurzen, steifen Haaren, daher rauh anfühlend. Bildet von Frühjahr bis Herbst kleine weiße Blüten. Nach der Befruchtung bilden sich kleine grüne Beeren, die später rot werden. Die Äste und Zweige haben einen sparrigen Wuchs.

Standort: Ganzjährig im Zimmer bei 15–25 °C an einem hellen bis sonnigen Platz. Im Sommer wird der Fukien langsam an die Sonne gewöhnt (leicht schattieren). Für einen Standort im Freien ist er im Sommer dankbar.

Pflege: Gleichmäßig feucht halten, kurze Trockenperioden werden meist gut überstanden. In der Hauptwachstumszeit alle 2 Wochen, im Winter alle 4–6 Wochen düngen. Umtopfen alle 2 Jahre mit einem Wurzelschnitt.

Gestaltung: Junge Triebe auf 6–8 Blätter wachsen lassen und dann auf 2–3 Blätter zurückschneiden. Triebe mit großen Blattabständen (Internodien) ganz abschneiden, sonst gerät der Baum leicht aus der Form. Wegen der sperrigen Form ist es sinnvoll zu drahten. Sobald die Triebe leicht verholzt sind, kann das ganze Jahr über gedrahtet werden.

Australischer Wein, Känguruhklimme

Cissus antarctica

Herkunft und Aussehen: Die Känguruhklimme gehört schon seit vielen Jahren bei uns zu den bekanntesten Zimmer-Kletterpflanzen.
Sie stammt aus Australien, wächst sehr rasch, besonders mit den Klettertrieben, läßt sich aber gut verzweigen und zum Bonsai gestalten. Man muß ihr lediglich das Klettern abgewöhnen.
Die jungen Triebe und die Blattstiele der ei- bis herzförmigen, grob gesägten Blätter sind mit kleinen rostroten Haaren besetzt.
Der Australische Wein ist recht widerstandsfähig gegen tierische und pflanzliche Schädlinge. Lediglich bei sehr trokkener Zimmerluft wird er anfällig gegen Spinnmilben.
Standort: Das ganze Jahr über an einem hellen bis halbschattigen Fensterplatz, der gegen direkte Sonneneinstrahlung geschützt ist. Im Winter sollte die Heizung in dem Raum eine Nachtabsenkung auf 15–18 °C haben.
Pflege: Da die Klimme recht schnell mit Laubabwurf auf Staunässe reagiert, sollte nur mäßig gewässert werden. Vor allem im Winter muß das Wässern sehr stark dem jeweiligen Standort (wärmer oder kälter) angepaßt sein, da sich der Wasserbedarf nach den Temperaturverhältnissen richtet.
Gedüngt wird im Sommer alle 2 Wochen und im Winter alle 6 Wochen in halber Konzentration mit einem Flüssigdünger.
Umgetopft wird die Klimme als Bonsai alle 2 Jahre im zeitigen Frühjahr mit einem Wurzelschnitt.
Gestaltung: Das Schwierigste bei der Gestaltung der Klimme ist, ihr das Ranken abzugewöhnen. Wir lassen die Ranktriebe zunächst bis etwa Mitte Juni wachsen und schneiden dann auf ein bis zwei Augen zurück. Normalerweise treiben diese Augen mit kürzeren Trieben aus. Im Laufe der Zeit erhalten wir so einen reich verzweigten Bonsai, dem das Ranken weitgehend abgewöhnt wurde.
Zu große Blätter entfernen wir regelmäßig durch einen Blattschnitt. Ein vollständiger Blattschnitt alle 2 Jahre im späten Frühjahr führt zu einer besseren Verzweigung und kleineren Blättern.

Dickblatt, Geldbaum

Crassula arborescens

Herkunft und Aussehen: Das Dickblatt kommt aus den trockenen, warmen Gegenden Südafrikas. In den flachen, fleischigen, weißgrau bereiften, verkehrt eiförmigen Blättern und im wenig verholzenden Stamm speichert das Dickblatt große Mengen an Wasser. So übersteht die Pflanze schadlos auch mal eine 4wöchige Trockenperiode.
Der Wuchs der reich verzweigten Sträucher oder kleinen Bäumchen (bis 3 m hoch) läßt sich durch reine Schnittmaßnahmen gut kontrollieren. Meist bekommt man schon einen schönen Rohbonsai, wenn man bei einem älteren Dickblatt, das man schon jahrelang als normale Zimmerpflanze gepflegt hatte, den Stamm ein wenig freischneidet.

Standort: Das Dickblatt liebt einen hellen, vor direkter Sonneneinstrahlung geschützten Fensterplatz. Im Sommer ist es für einen halbschattigen Standort im Freien dankbar.
Im Winter kühl stellen bei Temperaturen zwischen 8 °C und 16 °C.
Pflege: Während im Sommer nur mäßig gegossen wird, sollte das Dickblatt im Winter eher trocken gehalten werden. Natürlich hängt der Wasserbedarf im Winter von den Temperaturen ab.
Gedüngt wird nur vom späten Frühjahr bis zum Herbst mit Flüssigdünger in halber Konzentration. Im Winter wird nicht gedüngt.
Umgetopft wird alle 3 Jahre mit nur sehr mäßigem Wurzelschnitt im Frühjahr. Nach dem Umtopfen wird 2 Wochen lang nicht gegossen!
Gestaltung: Erforderliche Schnittmaßnahmen können vom späten Frühjahr bis zum Herbst durchgeführt werden. Wenn sich 6–8 Blattpaare gebildet haben, schneiden wir auf 2 Blattpaare zurück. Dabei lassen wir über dem letzten Blattpaar ein etwa 1 cm langes Zweigstück stehen, das nach einiger Zeit abtrocknet und dann abgezupft werden kann. Aus den Blattachseln des obersten Blattpaares entwickeln sich bald je ein neuer Trieb, von denen wir nur einen stehenlassen. Der andere Trieb wird möglichst bald abgezupft. So wird ein zu symmetrischer Wuchs vermieden.
Zusätzlich brechen wir zu große Blätter, besonders an der Triebbasis, ab.
Wenn die Äste zu steil nach oben wachsen, werden sie mit Spanndrähten nach unten gebogen.

Kirschmyrte

Eugenia paniculata (syn. *Syzygium paniculatum*)

Herkunft und Aussehen: Die Kirschmyrten sind mit den echten Myrten verwandt, doch sind die Blätter meist größer. Die Blüten der immergrünen kleinen Bäume (bis 10 m hoch) und Sträucher sind reinweiß und duftend. Empfehlenswerte Arten sind *Eugenia paniculata* und *Eugenia uniflora.* Die Beeren sind groß und eßbar. Die mehr als 600 Arten kommen aus den Tropen und Subtropen. Die Blätter stehen gegenständig oder zu dreien im Quirl und sind länglich-lanzettlich.
Standort: Das ganze Jahr über im Zimmer an einem sonnigen Platz. Im Winter auch etwas kühler, verträgt sogar kurzzeitig kühle Winde, die beim Lüften auftreten könnten. Im Sommer ist die Kirschmyrte dankbar für einen Platz im Freien.
Pflege: Die Kirschmyrte sollte immer gut feucht gehalten werden. Wird sie zu feucht oder zu trocken gehalten, wirft sie die Blätter ab. Nach einem Rückschnitt treibt sie aber meist wieder neu aus. Das Gießwasser sollte kalkarm sein. Gedüngt wird außerhalb der Blütezeit im Sommer alle 2 Wochen und im Winter alle 4–6 Wochen. Umtopfen alle 2–3 Jahre mit einem Wurzelschnitt.
Gestaltung: Nach der Blüte den Neuaustrieb auf 6–8 Blattpaare oder Quirle wachsen lassen und dann auf 1–2 Blattpaare oder Quirle zurückschneiden. Vom Frühjahr bis zum Herbst können verholzte Triebe gedrahtet werden.

Gummibaum
Ficus

Herkunft und Aussehen: Die uns als Zimmerbonsai interessierenden Ficusse haben ihre Heimat ausschließlich in den Tropen. So kommt der bis zu 30 m hohe *F. bengalensis* vom Südfuß des Himalaya und aus Südindien. Seine weit ausladende Krone wird durch zahlreiche verdickte Luftwurzeln abgestützt. Die Blätter werden bis 25 cm lang, sind länglichoval und in der Jugend flaumbehaart. Blattstiele und junge Triebe sind zunächst rotfilzig behaart.
In Indien wird der als Birkenfeige bekannte *F. benjamina* ein großer Baum mit birkenartig überhängenden Zweigen. Seine Blätter sind 12 cm lang, länglich-eiförmig und laufen zu einer verlängerten Spitze aus.
F. retusa wird ebenfalls ein großer Baum mit dickem Stamm. Seine Blätter sind elliptisch bis eiförmig, ledrig und laufen in eine kurze Spitze aus.
F. buxifolia ist eher ein kleiner Baum bzw. großer Strauch mit verkehrt eiförmigen Blättern, die am Ende stumpf rund sind.
F. sikkimensis hat schmale lanzettförmige Blätter, die an die Blätter unserer Trauerweide erinnern. Im Winter verliert er häufig seine Blätter.
Standort: Alle besprochenen Feigen lieben einen sehr hellen Standort, der nicht mehr als 1 m von der Scheibe entfernt ist. Im Sommer sollte man sie nach Möglichkeit, wie alle Zimmerbonsai, im Freien aufstellen. Blätter, die nicht in der Sonne gebildet wurden, neigen bei voller Sonne zum Verbrennen. Man sollte die Feigen daher langsam an die Sonne gewöhnen.
Im Winter so hell wie möglich bei 15–25 °C aufstellen.
Pflege: Der Wasserbedarf ist je nach Standort recht unterschiedlich. Vor dem nächsten Wässern lassen wir die Erde auf der Oberfläche leicht antrocknen, dann wieder gut gießen. Bei zu reichlichem Gießen besteht die Gefahr der Staunässe, die von der Pflanze mit Blattabwurf beantwortet wird.
Düngen sollten wir im Sommer alle 2 Wochen und im Winter alle 4 Wochen.
Im 2-Jahresintervall topfen wir mit einem Wurzelschnitt um.
Gestaltung: Das ganze Jahr über lassen wir die Triebe auf 4–5 Blätter wachsen und schneiden dann auf 1–3 Blätter zurück. Große Blätter werden wie bei einem Blattschnitt ständig entfernt. Gedrahtet werden nur bereits verholzte Triebe. Der Draht sollte bereits nach einem halben Jahr wieder entfernt werden.

Zwerg-Apfelsine
Fortunella hindsii

Herkunft und Aussehen: Die Citrusgewächse, zu denen auch die Zwerg-Apfelsine gehört, stammen ursprünglich aus China, wo sie schon um 2000 v. Chr. schriftlich erwähnt sind. Schon seit Jahrhunderten werden die wirtschaftlich interessanten Arten, wie Zitrone, Apfelsine oder Pampelmuse, auch im Mittelmeergebiet angebaut.

Alle Angehörigen dieser Familie haben die mit Öldrüsen versehenen dunkelgrünen Blätter gemeinsam. Die Öldrüsen kann man recht gut als kleine durchscheinende Punkte sehen, wenn man ein Blatt gegen das Licht hält. Bei der Knospe steht häufig ein kleiner Begleitdorn.
Die Zwerg-Apfelsine wächst in der freien Natur als Strauch oder kleiner Baum. Sie hat eine interessante hellbraun und grau gestreifte Rinde. Die Früchte sind sehr klein, zunächst grün, später orangefarben und passen daher ideal zu der Bonsai-Größe. Sie entwickeln sich aus kleinen, weißen Blüten, die im Frühjahr erscheinen und stark duften.
Standort: Im Sommer ist ein halbschattiger Standort im Freien ideal. Geeignet ist auch ein luftiger Standort an einem hellen Fenster.
Im Winter sollten die Temperaturen an einem hellen Fensterplatz bei 6–10 °C liegen. Bei höheren Überwinterungstemperaturen kommt es nicht zur Ausbildung von Blüten und somit können auch keine Früchte angesetzt werden. Zusätzlich verliert die Zwerg-Apfelsine bei warmer Überwinterung ihr Laub.
Pflege: Im Sommer ist der Wasserbedarf recht hoch. Im Winter wird der Boden nur leicht feucht gehalten.
Mit dem Düngen beginnen wir im Frühjahr erst nach der Blüte im 14-Tage-Rhythmus mit halbkonzentriertem Flüssigdünger. Im Winter wird nicht gedüngt!
Alle 2–3 Jahre wird die Zwerg-Apfelsine im zeitigen Frühjahr mit einem Wurzelschnitt umgetopft.
Gestaltung: Nachdem sich etwa 6 Blätter gebildet haben, zupfen wir die noch weiche Triebspitze mit den Fingern ab. Größere Schnittmaßnahmen sollten weitgehend vermieden werden, da das Bäumchen sonst nur sehr schwer wieder austreibt. Ist aus gestalterischen Gründen ein dickerer Ast zu entfernen, muß ein Wundverschlußmittel aufgelegt werden.
Gedrahtet werden können das ganze Jahr über bereits verholzte Triebe.

Fuchsie
Fuchsia fulgens

Herkunft und Aussehen: Die Fuchsien haben ihre Heimat in Südamerika, Tahiti und Neuseeland und wachsen dort als Sträucher, Halbsträucher oder kleine Bäume. Sie sind aber schon seit vielen Jahren bei uns beliebte Balkon- und Fensterkistenpflanzen.
Die Blätter sind gegen- oder quirlständig, sommergrün (bei warmer Überwinterung auch immergrün), weich und dunkelgrün mit leicht gezähntem Rand. Die Blütenknospen entwickeln sich in den Blattachseln und an den Triebspit-

Seite 55:
Oben links: Ein Orangenjasmin-Bonsai (Murrya paniculata) von besonders ausgewogener Gestaltung. Alle Einzelheiten dieses Baumes sind bis in die äußerste Triebspitzen gut zu betrachten.
Oben rechts: Eine Azalee (Acalea japonica) in voller Blüte.
Unten: Aus Azaleen läßt sich eine Landschaft gestalten, die in jeder Jahreszeit andere Aspekte ihrer Schönheit zeigt.

zen. Die Blüten erscheinen ab Juni bis zum späten Herbst und sind röhrenförmig verlängert. Die Blumenblätter sind violett, rot, rosa oder weiß, während die Kelchblätter rot, rosa oder weiß sind.
Standort: Entweder ganzjährig an einem hellen, nicht sonnigen Fensterplatz oder im Sommer im Freien im Halbschatten. Im Winter kühl bei 8—12 °C hell aufstellen. Bei Temperaturen zwischen 3 °C und 5 °C kann der Überwinterungsplatz auch dunkel sein. Will man bei Temperaturen um 18 °C überwintern, muß der Platz sehr hell sein.
Pflege: Im Sommer sollte reichlich, im Winter weniger gegossen werden. In jedem Fall sollte der Boden eine gleichmäßige Feuchte haben, wobei sowohl Staunässe als auch Ballentrockenheit zu vermeiden sind.
Gedüngt werden Fuchsien vom Frühjahr bis zum Herbst alle 2 Wochen mit einem halbkonzentrierten Flüssigdünger. Bei kühler Überwinterung wird nicht gedüngt. Wird warm überwintert, düngen wir alle 4—6 Wochen.
Umpflanzen sollten wir alle 2—3 Jahre im Frühjahr mit einem Wurzelschnitt.
Gestaltung: Gleichzeitig mit dem Wurzelschnitt führen wir im Frühjahr einen starken Rückschnitt bis ins alte Holz durch. Danach zupfen wir, sobald sich 2—3 Blattpaare gebildet haben, die Triebspitze aus. Das hat keine nachteilige Wirkung auf die Blühwilligkeit der Fuchsie, da die Blüten achselständig wachsen.

Seite 56:
Waldpflanzung aus der Birkenfeige.

Gedrahtet werden Fuchsien wegen ihrer leicht brüchigen Zweige nur, wenn eine Gestaltung durch reines Beschneiden nicht zum gewünschten Ziel führt.

Gardenie

Gardenia jasminoides

Herkunft und Aussehen: Aus China stammt die Gardenie und ist dort ein reich verzweigter, immergrüner Strauch (bis 1,5 m Höhe). Die Blätter sind gegenständig, elliptisch oder oval, an beiden Enden zugespitzt und glänzend grün. Die weißen, stark duftenden Blüten besitzen eine tellerförmige Krone mit fünf bis neun Abschnitten. In Gartencentern findet man häufig Zuchtformen mit gefüllten Blüten (mehr Blütenblätter). Die Blütezeit ist in unserem Winter.
Standort: An ihren Standort stellt die Gardenie recht hohe Ansprüche. Sie sollte ganzjährig im Zimmer an einem hellen, aber sonnengeschützten Fensterplatz stehen. Die Gardenie braucht eine gleichmäßige Lufttemperatur von 16—18 °C bei gleichzeitig höherer Bodentemperatur (18—20 °C). Ist eine erhöhte Bodentemperatur nicht möglich, kann die Lufttemperatur auf 20—22 °C ansteigen. In diesem Fall müssen wir die Gardenie täglich mit kalkarmem Wasser übersprühen, um die Blätter zu kühlen. Eine erhöhte Luftfeuchtigkeit ist auf jeden Fall zu gewährleisten. Zusätzlich sollte die Umgebungsluft häufig ausgetauscht werden. Stehende Luft erhöht die Anfälligkeit gegen Schädlinge.
Sollten sich bei guter Pflege Blütenknos-

pen gebildet haben, muß die Lufttemperatur bei 16—17 °C liegen. Bei höheren Temperaturen werden die Blütenknospen abgeworfen.
Pflege: Die Gardenie braucht ähnlich der Azalee einen sauren Boden und darf daher nur mit kalkarmem Wasser gegossen werden.
Sowohl im Sommer als auch im Winter wird nur mäßig gegossen, ohne dabei aber Ballentrockenheit zu erzeugen. Auf Staunässe reagiert die Gardenie sehr empfindlich und wirft dann schnell ihr Laub ab.
Vom Frühjahr bis zum Herbst düngen wir alle 14 Tage mit einem kalkarmen, stickstoffreichen Flüssigdünger (z. B. Akrisal). Im Winter wird nicht gedüngt!
Umgetopft wird alle 1—2 Jahre in Azaleen-Bonsai-Erde mit nur sehr mäßigem Wurzelschnitt.
Gestaltung: Der Hauptschnitt erfolgt nach der Blüte. Blütentriebe werden dann auf 2—3 Blätter zurückgeschnitten. Bei älteren Bonsai werden noch bis Ende August längere Triebe auf 2—3 Blattpaare zurückgeschnitten.
Bei jüngeren Pflanzen, die noch zum Bonsai erzogen werden, schneiden wir auf 2—3 Blattpaare zurück, sobald sich 4—6 Blattpaare gebildet haben.
Da sich Gardenien gut durch den Schnitt gestalten lassen, muß in der Regel nicht gedrahtet werden. Sollte es dennoch erforderlich sein, können verholzte Triebe ganzjährig gedrahtet werden.

Lagerströmie

Lagerstroemia indica

Herkunft und Aussehen: Die Lagerströmie ist von Ostasien bis Australien beheimatet und ist dort ein laubabwerfender Strauch oder kleiner Baum mit 3—7 m Höhe. Die Rinde ist bei älteren Lagerströmien intensiv rosabraun gefärbt.
Die gegenständigen Blätter sind oval, frischgrün und ganzrandig. Im Winter werden die Blätter abgeworfen.
Hauptblütezeit ist von August bis Oktober. Die Blütenrispen entwickeln sich in den Blattachseln und an den Spitzen der diesjährigen Triebe. Je nach Sorte sind die Blüten leuchtendrot, rosa, lavendelfarben oder weiß.
Standort: Bei ganzjährigem Standort im Zimmer sollte ein luftiger, sonniger Fensterplatz gewählt werden. Ideal ist im Sommer allerdings ein sonniger Standort im Freien. Im Winter sollte die Lagerströmie bei ungefähr 2—8 °C aufgestellt werden.
Pflege: Dem sonnigen Standort entsprechend wird im Sommer gut gewässert, wobei aber Staunässe vermieden werden sollte. Kurz vor der Blüte wird etwas sparsamer gegossen. Während der Blüte muß dann wieder reichlich gegossen werden.
Im Winter wird die Pflanze relativ trocken gehalten, wobei aber Ballentrockenheit vermieden werden sollte.
Im Sommer wird die Lagerströmie alle zwei Wochen mit einem halbkonzentrierten Flüssigdünger versorgt. Im Winter wird nicht gedüngt.

Umgetopft wird alle 2 Jahre im zeitigen Frühjahr mit einem Wurzelschnitt.
Gestaltung: Im späten Herbst oder im zeitigen Frühjahr schneiden wir die Lagerströmie kräftig zurück. Im Laufe der Wachstumszeit wird der jeweilige Neuaustrieb bei etwa 6 Blattpaaren auf 1–2 Blattpaare zurückgeschnitten.
Gedrahtet werden kann während des ganzen Jahres, mit Ausnahme der Blütezeit.

Wandelröschen

Lantana camara

Herkunft und Aussehen: Das Wandelröschen kommt aus den tropischen und subtropischen Bereichen der Nordhalbkugel und ist ein immergrüner kleiner Strauch (1–2 m hoch) mit glatter Rinde.
Die dunkelgrünen Blätter sind oval und haben einen gesägten Rand.
Die Blütenbüschel öffnen sich von Mai bis Oktober in Rosa- und Gelbtönen und wechseln dann zu Rot und Orange (daher der Name Wandelröschen). Nach der Befruchtung entwickeln sich zunächst grüne, später blauschwarze Früchte.
Standort: Im Sommer entweder an einem hellen, luftigen, leicht sonnigen Fensterplatz oder im Freien. Im Winter hell bei Temperaturen um 10 °C aufstellen.
Pflege: In der Hauptwachstumszeit gleichmäßig feucht halten, wobei Staunässe zu vermeiden ist. Im Winter etwas weniger gießen. In jedem Fall mit kalkarmem, zimmertemperaturwarmem Wasser gießen.
Gedüngt wird vom Frühjahr bis zum Herbst alle 2 Wochen, im Winter alle 4–6 Wochen mit einem halbkonzentrierten Flüssigdünger.
Umgetopft wird alle zwei Jahre im Frühjahr mit einem Wurzelschnitt.
Gestaltung: Nach dem Verblühen der Blüten schneiden wir die jungen Triebe auf 1–2 Blattpaare zurück. Wenn wir Früchte haben wollen, schneiden wir nur auf den Fruchtansatz zurück. Nach dem Abwurf der Früchte führen wir dann einen Formschnitt durch.
Die recht brüchigen Äste müssen sehr vorsichtig gedrahtet werden. Ansonsten kann man mit Spanndrähten, die man nach und nach nachspannt, die Pflanze formen.

Barbadoskirsche

Malpighia coccigera

Herkunft und Aussehen: Die Barbadoskirsche hat ihre Heimat auf den westindischen Inseln und wird dort ein kleiner immergrüner Baum oder Strauch. Die kleinen Blätter sind eiförmig-rund mit Stachelhaaren am Rand. Ansonsten sind die Blätter glänzend dunkelgrün. Schon in recht jungen Jahren zeigt die Barbadoskirsche eine leichte Borkenbildung, was ihre Eignung zum Bonsai unterstreicht.
Standort: Als Standort ist ein heller, sonniger Platz zu wählen. Im Sommer aber vor praller Sonneneinstrahlung bewahren. Auch im Winter dürfen die Tempera-

turen auf keinen Fall unter 15 °C absinken.

Pflege: Sie sollte das ganze Jahr über gleichmäßig feucht gehalten werden. Sowohl Staunässe als auch Ballentrokkenheit beantwortet die Barbadoskirsche sofort mit Laubabwurf. Gedüngt wird im Sommer alle 2 Wochen, während im Winter alle 4–6 Wochen Dünger gegeben wird.

Gestaltung: Neben der Form ist bei der Barbadoskirsche die Blütenfülle zu beachten. Die Blüten (Juni bis August) erscheinen immer aus dem vorjährigen und mehrjährigen Holz. Wir müssen darauf bei dem Rückschnitt achten. Ansonsten schneiden wir nach der Blüte auf 1–2 Blattpaare zurück, wenn sich 4–5 Blattpaare gebildet haben. Drahten können wir das ganze Jahr über die verholzten Triebe. Bei dickeren Ästen können wir nur leicht biegen, da sie schnell brechen.

Orangenjasmin, Orangenraute

Murraya paniculata

Herkunft und Aussehen: Die Orangenraute kommt aus Indien und ist ein immergrüner, baumartiger Strauch mit heller, glatter Rinde.

Die Blätter sind unpaarig gefiedert, wobei die Einzelblättchen rautenförmig mit runder Spitze und glänzend grün sind.

Die weißen, wohlriechenden Blüten erscheinen das ganze Jahr über. Aus ihnen entwickeln sich nach der Befruchtung orangenförmige, rote Beeren.

Standort: Das ganze Jahr über an einem hellen Fensterplatz, der vor direkter Sonneneinstrahlung geschützt ist. Die Luftfeuchtigkeit sollte erhöht sein.

Im Winter sollten die Temperaturen nicht unter 14 °C liegen. Die Blätter dürfen nicht abfallen.

Pflege: Die Orangenraute sollte das ganze Jahr über gleichmäßig feucht gehalten werden. Staunässe ist zu vermeiden. Das Wasser sollte weich sein und Zimmertemperatur haben.

Vom späten Frühjahr bis zum Herbst wird alle 2 Wochen, im Winter alle 4–6 Wochen mit einem halbkonzentrierten Flüssigdünger gedüngt.

Umgepflanzt wird alle 2 Jahre im April mit einem Wurzelschnitt.

Gestaltung: Die Triebe werden nach der jeweiligen Blüte auf 2–3 Blätter zurückgeschnitten.

Legt man auf die Blüten keinen besonderen Wert, schneiden wir bei 5–6 Blättern auf 2–3 Blätter zurück.

Gedrahtet werden kann zwar das ganze Jahr über, was wegen der empfindlichen Rinde jedoch sehr vorsichtig erfolgen sollte. Besser ist es, mit Spanndrähten zu arbeiten.

Jabuticaba

Myrciaria cauliflora

Herkunft und Aussehen: Die Jabuticaba ist ein Obststrauch mit baumartigem Charakter und kommt aus Südamerika. Dort wird sie etwa 12 m hoch. Die grau gefleckte Rinde verleiht dem Baum ein interessantes Aussehen.

Die Blätter sind elliptisch, ganzrandig oder leicht gezähnt, beim Austrieb rötlich, später frischgrün. Die Blüten sind weiß und sitzen in Büscheln an Stamm und Ästen. Aus ihnen entwickeln sich dunkelgraue Beeren.
Standort: Ganzjährig an einem hellen Fenster, aber vor praller Sonne schützen. Bei 18–24 °C hell überwintern.
Pflege: Im Sommer reichlich mit kalkarmem Wasser gießen, im Winter gleichmäßig feucht halten, aber vor Staunässe schützen.
Vom Frühjahr bis zum Herbst alle 2 Wochen, im Winter alle 4–6 Wochen mit halbkonzentriertem Flüssigdünger versorgen.
Umtopfen alle 2 Jahre mit nur mäßigem Wurzelschnitt.
Gestaltung: Der Neuaustrieb wird bei 4–6 Blattpaaren auf 2–3 Blattpaare zurückgeschnitten.
Drahten ist das ganze Jahr über an verholzten Trieben möglich.

Myrte

Myrtus communis

Herkunft und Aussehen: Die uns hier interessierende Art ist die einzige der 100 bekannten Myrten-Arten, die im Mittelmeergebiet vorkommt. Die Brautmyrte wird in ihrer Heimat ein bis zu 3 m hoher, immergrüner Strauch, mit eiförmig zugespitzten, bis 3 cm langen Blättern. Die bis 2 cm großen, weißen Blüten erscheinen von Juni bis zum Herbst aus den Blattachseln. Die Früchte sind runde bläulichschwarze Beeren.

Standort: Im Sommer einen hellen bis sonnigen Fensterplatz oder einen Standort im Freien. Im Winter einen sehr kühlen Standort bei 3–6 °C.
Pflege: An heißen Tagen im Sommer ist der Wasserbedarf sehr groß. Es muß aber auf jeden Fall Staunässe vermieden werden. Vor allem im Winter ist sehr vorsichtig zu gießen. Bevorzugt nehmen wir kalkarmes Gießwasser. Gedüngt wird im Sommer alle 2 Wochen, während im Winter bei der kühlen Überwinterung nur alle 6 Wochen Dünger gegeben wird. Während der Blüte wird nicht gedüngt.
Gestaltung: Die Myrte läßt sich gut durch den Schnitt in Form halten. Die Triebe werden bei 7–8 Blattpaaren auf 2–3 Blattpaare zurückgeschnitten. Sollen sich die Blüten entwickeln, setzen wir ab Ende April mit dem Schneiden aus und beginnen mit den Formarbeiten erst wieder nach der Blüte mit einem kräftigen Rückschnitt.

Ölbaum, Olive

Olea europaea

Herkunft und Aussehen: Die Gattung *Olea* umfaßt 40 Arten, die im tropischen und mittleren Asien, aber auch im Mittelmeergebiet beheimatet sind. Der kultivierte Ölbaum wird bis zu 12 m hoch und bildet eine tiefrissige graue Borke aus. Die Blätter sind gegenständig angeordnet, eilänglich-lanzettlich, ledrig, oberseits graugrün, unterseits silbrig. Die Triebe der Kulturart sind rundlich, die der Wildform hingegen hat

kantige, dornige Triebe. Bei der Aussaat von eßbaren Oliven entwickeln sich häufig Wildoliven!
Standort: Im Sommer einen vollsonnigen Fensterplatz oder im Freien. Im Winter sehr kühl bei 3–6 °C aufstellen.
Pflege: Vor dem kräftigen Wässern lassen wir die Erde immer erst antrocknen. Ständig zu starke Feuchtigkeit wird von der Olive gern mit vorzeitigem Laubabwurf beantwortet. Gedüngt wird im Sommer alle 2 Wochen, im Winter mit dem Düngen aussetzen.
Gestaltung: Die Triebe lassen wir auf 6–8 Blattpaare wachsen und schneiden dann auf 3–4 Blattpaare zurück. Gedrahtet werden nur leicht verholzte Triebe das ganze Jahr über. Dickere Zweige und Äste sind nur schwer durch Draht zu formen, weil sie sehr hart sind und leicht abknicken.

Steineiben

Podocarpus macrophylla und *Podocarpus grazilior*

Herkunft und Aussehen: Die verschiedenen Steineiben gehören zu den Nadelbäumen und kommen von Neuseeland über Japan, China und Afrika bis nach Mittelamerika vor. Sie sind immergrüne Bäume mit geraden, starken Stämmen. Die Äste wachsen ziemlich waagerecht. Die Rinde löst sich in Streifen ab, so daß sie eine interessante Scheckung in Grau- und Rottönen hat.
Die Blätter sind bis 8 cm lang und 10 mm breit, lederartig, mit deutlichem Mittelnerv, oben glänzend grün, unten blaßgrün. Sie sind entweder quirlig oder spiralig angeordnet.
Standort: Im Sommer an einem hellen Fenster vor direkter Sonne geschützt im Zimmer oder im Halbschatten im Freien. Im Winter bei Temperaturen zwischen 16 und 18 °C im Zimmer.
Pflege: Das ganze Jahr über gleichmäßig feucht halten, aber nicht naß.
Von Frühjahr bis Herbst alle 2 Wochen, im Winter alle 4–6 Wochen halbkonzentrierten Flüssigdünger geben.
Umtopfen alle 2–3 Jahre mit sehr mäßigem Wurzelschnitt.
Gestaltung: Zunächst lassen wir den Neuaustrieb auf ca. 6 cm wachsen und schneiden dann auf ca. 2 cm zurück.
Ältere Triebe können das ganze Jahr über gedrahtet werden. Beim Neuaustrieb warten wir mit dem Drahten, bis er leicht verholzt ist.

Granatapfel

Punica granatum

Herkunft und Aussehen: Der Granatapfel ist vom Himalaya bis zum Balkan verbreitet. Er ist dort ein sommergrüner kleiner Baum (bis 5 m Höhe). Die am häufigsten für die Bonsai-Gestaltung benutzte Sorte ›Nana‹ wird jedoch höchstens 1,5 m hoch.
Die Blätter sind gegenständig, lanzettförmig und glänzend grün. Sie stehen wirtelig-gekreuzt (an jedem Knoten stehen 2 Blätter, so daß sich jedes folgende Blattpaar mit dem vorausgegangenen im rechten Winkel kreuzt).

Die scharlachroten Blüten erscheinen von Juni bis September an den Triebspitzen und in den Achseln.
Standort: Der Granatapfel kann das ganze Jahr über an einem sonnigen, gut belüfteten Fensterplatz stehen. Im Sommer ist er für einen vollsonnigen Standort im Freien dankbar. Nach dem Laubabwurf im Herbst geben wir ihm einen Platz in einem hellen, ungeheizten Raum bei 5–10 °C. Bei wärmerer Überwinterung fällt für die Pflanze die Ruheperiode aus, was sie ihre kompakte Form verlieren läßt.
Pflege: Vom Frühjahr bis zum Herbst halten wir die Erde gleichmäßig feucht, aber nicht zu naß. Im Winter schränken wir bei kühlem Standort die Gießmenge noch weiter ein, vermeiden aber Ballentrockenheit. Bei warmer Überwinterung weiterhin feucht halten.
Gedüngt wird vom Austrieb bis kurz vor dem Laubabwurf alle 2 Wochen mit halbkonzentriertem Flüssigdünger. Warm überwinternde Granatäpfel werden im Winter alle 4–6 Wochen mit Dünger versorgt.
Umtopfen sollten wir alle 2 Jahre kurz vor dem Austrieb mit einem Wurzelschnitt.
Gestaltung: Vor dem Austrieb im Frühjahr schneiden wir den Granatapfel in seine Form zurück. Neue Triebe lassen wir auf 6–8 Blattpaare wachsen und schneiden dann auf 2–3 Blattpaare zurück.
Mit Rücksicht auf die Blütenbildung hören wir ab Juni mit dem Schneiden auf. Erst nach der Blüte arbeiten wir wieder die Form heraus.

Azalee

Rhododendron simsii

Herkunft und Aussehen: Rhododendron simsii ist die Wildform der häufig angebotenen Topfazalee. Sie gehört in China und auf Formosa zu der Moorbeetvegetation der feuchten, kühlen Wälder und Täler. Hier bilden sie meist größere, mehrstämmige Sträucher. Das Laub ist immergrün und glänzend dunkelgrün. Die Form der Blätter ist lanzettlich. Die Blütenfarben gehen von Weiß über Rosa nach Rot bis hin zum tiefen Violett.
Standort: Der Standort als Bonsai ist für das Überleben und die Blühwilligkeit der Azaleen besonders wichtig. Im Sommer kann der Standort zwar ein heller, kühler Fensterplatz sein, besser gedeihen die Azaleen aber bei einem Standort im Freien. Im Winter ist ein kühler (6–12 °C), heller Fensterplatz zu wählen. Auf keinen Fall darf die Azalee im Winter über einer Heizung bei höheren Temperaturen stehen!
Pflege: Als säureliebende Pflanze darf die Azalee nur mit kalkarmem Wasser (bis 10° dH) gegossen werden. Die Erde muß stets feucht sein. Ballentrockenheit und Staunässe müssen vermieden werden. Besonders viel Wasser benötigt sie während der Blüte. Bei zu geringen Wassergaben stößt die Azalee die Blüten und Blütenknospen ab. Gedüngt wird erst nach der Blüte mit einem Moorbeetpflanzendünger im 14-Tage-Rhythmus. Gegen Ende August geben wir dann einen kalibetonten Mehrnährstoffdünger 3mal im Wochenrhythmus. Im Winter

düngen wir nur alle 4–6 Wochen wie nach der Blüte. Während der Blüte wird nicht gedüngt.
Umgetopft wird alle 2–3 Jahre mit einem leichten Wurzelschnitt nach der Blüte in eine saure Erde (pH 4,0).
Gestaltung: Nach der Blüte werden alle Blütenreste abgezupft, damit sich keine Früchte bilden. Die Fruchtbildung würde die Azalee nur unnötig schwächen. Außerdem sind die Früchte nicht sonderlich dekorativ. Am ehemaligen Blütenansatz bilden sich 2–5 Triebe. Wir entfernen alle bis auf 1–2, die in der Wuchsebene wachsen. Nach unten und oben wachsende Triebe werden ganz entfernt. Etwa Mitte April bis Mitte Mai werden die noch weichen Triebe bis auf 2 Blätter zurückgezupft, was ihr Längenwachstum stoppt. Danach wird nicht mehr geschnitten, damit sich Blütenknospen bilden können.
Gedrahtet werden können sehr vorsichtig bereits verholzte, dünne Triebe. Die Triebe brechen bei unvorsichtigem Drahten sehr leicht ab.

Sageretie

Sageretia theezans

Herkunft und Aussehen: In ihrer südchinesischen Heimat wird die Sageretie ein 2–3 m hoher Strauch mit interessanter Rinde. Da ältere Rindenschichten in unregelmäßigen Platten abgeworfen werden, erhält die Rinde eine braun-graue Scheckung. Die Rinde bleibt daher auch relativ glatt, ist also nicht gefurcht. Die immergrünen, dünnen, elliptischen bis ovalen, glänzend hellgrünen Blätter sind recht klein. Wird der Neuaustrieb nicht beschnitten, entwickeln sich im Spätsommer kleine gelblichweiße Blüten in den Achseln der Nebentriebe.
Standort: Der Standort sollte sehr hell, aber vor praller Sonne geschützt sein. Bei einem Winterstandort mit mehr als 18 °C ist es ratsam, zur Erhöhung der Luftfeuchtigkeit die Sageretie täglich mit kalkarmem Wasser zu übersprühen. Ansonsten liegen die idealen Überwinterungstemperaturen zwischen 12 und 18 °C.
Pflege: Der Erdballen sollte das ganze Jahr über gleichmäßig feucht gehalten werden. Die Sageretie reagiert sowohl auf Staunässe als auch auf Ballentrokkenheit mit Blattabwurf. Der Wasserbedarf kann bei unterschiedlichen Standorten und Temperaturen recht stark schwanken. Gedüngt wird vom Frühjahr bis zum Herbst im 2-Wochenrhythmus. Im Winter bei kühleren Temperaturen alle 6 Wochen, bei warmer Überwinterung alle 4 Wochen. Umtopfen alle 2 Jahre im zeitigen Frühjahr mit einem Wurzelschnitt.
Gestaltung: Der Neuaustrieb wird bei 6–8 Blattpaaren auf 2–3 Blattpaare zurückgeschnitten. Hat man die Pflanze blühen lassen, schneidet man diese Triebe direkt nach der Blüte stark zurück. Gedrahtet werden nur bereits verholzte Triebe im Frühjahr.

Lackblatt

Schefflera actinophylla
(syn. Brassaia actinophylla)

Herkunft und Aussehen: In seiner Heimat Australien wird das Lackblatt ein bis zu 40 m hoher Baum. Die handförmigen Blätter bestehen je nach Alter der Pflanze aus drei, fünf, sieben, ja bis zu 15 Teilblättern. Je älter die Schefflera wird, um so mehr Teilblätter bildet sie aus. Unbeschnitten bildet sie einen langen, unverzweigten Stamm mit einigen Blättern am Stamm und an der Spitze.
Standort: Ganzjährig an einem sehr hellen Fensterplatz, aber vor direkter Sonne geschützt. Die ideale Zimmertemperatur liegt zwischen 18 und 22 °C, sie sollte nicht unter 15 °C absinken. Im Sommer kann sie auch nach draußen gestellt werden.
Pflege: Da die Blattgröße auch hier entscheidend von der gegebenen Wassermenge abhängig ist, sollte nicht zu reichlich gegossen werden. Zu vermeiden ist dabei allerdings Ballentrockenheit. Düngen im Sommer alle 3–4 Wochen, im Winter alle 6 Wochen. Umgetopft wird alle 2 Jahre mit einem mäßigen Wurzelschnitt.
Gestaltung: Einer unverzweigten oder wenig verzweigten Pflanze geben wir den Impuls zur Verzweigung durch einen Rückschnitt. Aus schlafenden Augen (Stellen, an denen ehemals ein Blatt saß) treibt die Pflanze neu aus und verzweigt sich so. Durch häufigen Rückschnitt bekommen wir so langsam eine stärker verzweigte Schefflera mit eher baumartigem Charakter. Durch einen Blattschnitt pro Jahr erreichen wir zusätzlich kleinere Blätter. Später werden größere Blätter auch immer wieder entfernt.

Junischnee, Baum der tausend Sterne

Serissa foetida

Herkunft und Aussehen: Der »Baum der tausend Sterne« wird in seiner Heimat (Südchina und Japan) ein kleiner Strauch von 60 cm Höhe genannt. Die glänzend grünen, elliptischen bis eirunden, kleinen (2–3 cm langen) Blätter machen ihn zu einer interessanten Bonsai-Pflanze. Ihre große Beliebtheit unter Bonsai-Freunden verdankt die Serissa sicher aber ihrer weißen Blütenpracht im Juni. Das ganze Jahr über sind vereinzelt Blüten an der Serissa zu sehen. Die Rinde ist grau-weiß und blättert in schmalen Streifen ab. Neben der grünblättrigen Sorte gibt es noch buntblättrige Sorten im Handel, die aber im Prinzip gleich gepflegt werden.
Standort: Im Sommer an einem sehr hellen Fensterplatz, aber vor praller Sonne geschützt. Überwintert werden sollte die Serissa bei Temperaturen zwischen 5 und 10 °C. Keinen Standort direkt über einer Heizung wählen. Häufig reagiert die Serissa auf einen Standortwechsel mit Laubabwurf, da sie gegen jegliche Standortveränderung empfindlich ist. Sollte es zu einem Laubabfall gekommen sein, bildet die Serissa aber bereits nach kurzer Zeit wieder neue Blätter.
Pflege: Die Erde halten wir gleichblei-

bend mäßig feucht. Selbst kurzfristige Ballentrockenheit beantwortet die Serissa mit Laubabwurf. Gleich reagiert sie auf Staunässe. Dünger verabreichen wir im Sommer alle 4 Wochen, im Winter verlängern wir den Rhythmus auf alle 6 Wochen. Umgetopft wird alle 2–3 Jahre mit einem nur mäßigen Wurzelschnitt. Hierbei wird ein durchdringender Geruch frei, was ihr den Beinamen »foetida«, »die Stinkende«, einbrachte.
Gestaltung: Nach der Hauptblütezeit (Ende Juni) schneiden wir kräftig zurück. Danach kürzen wir die Triebe auf 1–2 Blattpaare ein, wenn sich 3–4 Blattpaare entwickelt haben. Alle 2 Jahre ist ein Rückschnitt bis ins alte Holz notwendig, was ihr auch gleichzeitig eine gute Blühwilligkeit erhält. Gedrahtet werden kann zwar das ganze Jahr über, wobei wir aber nur verholzte Triebe formen.

Chinesische Ulme
Ulmus parviflora

Herkunft und Aussehen: Chinesische Ulmen sind von Japan bis nach Tibet verbreitet, vor allem aber in Zentralchina. Sie ist ein raschwüchsiger, bis 14 m hoher Baum mit kugelförmiger, dichter Krone. Die Rinde ist entweder glatt, grau und sich kleinschuppig ablösend oder mit tiefrissiger Borke.
Die Blätter sind bis 5 cm lang, eiförmig bis elliptisch, mehrfach gesägt und ledrig. Oberseits sind sie glänzend hellgrün, unterseits weich behaart. Vielfach verbleiben die Blätter auch im Winter am Baum.
Standort: Die Chinesische Ulme kann das ganze Jahr über an einem hellen, sonnigen Fenster stehen. Wird sie im Winter bei 18–20 °C hell aufgestellt, verliert sie ihr Laub nicht. Ideal ist aber eine Überwinterung bei 6–10 °C, wobei sie ihr Laub verliert.
Pflege: Im Sommer wird nach dem kräftigen Wässern erst gewartet, bis die Erde leicht angetrocknet ist. Bei kühler Überwinterung wird nur noch mäßig gegossen.
Gedüngt wird etwa 3mal in der Hauptwachstumszeit, im Winter wird nicht gedüngt.
Umgetopft wird alle 2–3 Jahre im zeitigen Frühjahr.
Gestaltung: Neue Triebe werden bei 8 Blättern auf 2–3 Blätter zurückgeschnitten. Gedrahtet werden nur verholzte Triebe das ganze Jahr über.

Register

Register

Register

Bezugsquellen

Bonsai, Wolfgang Bulda
Rübenkamp 5 d
D-2000 Hamburg 60
Tel.: 0 40 / 6 90 25 56

Bonsai-Atelier Rieterpark
E. Gutmann
Gablerstraße 3
CH-8002 Zürich
Tel.: 01 / 4 82 64 59

Bonsai-Börse, Bernward Wagner
Leipziger Straße 49
D-2800 Bremen 1
Tel.: 04 21 / 37 08 34

Bonsai-Centrum Dortmund
Inh. U. Gardow bei Blumen Glocker
Leni-Rommel-Straße/Ecke Graffweg
D-4600 Dortmund-Brackel
Tel.: 02 31 / 27 17 19

Bonsai-Centrum Hannover
G. Schmidt
Hebbelstraße 67
D-3000 Hannover
Tel.: 05 11 / 69 12 22

Bonsai-Centrum Heidelberg
P. Lesniewicz
Mannheimer Straße 401
D-6900 Heidelberg-Wieblingen
Tel.: 0 62 21 / 8 20 19

Bonsai-Centrum München
A. Bauer & Co. KG
Toni-Pfülf-Straße 14
D-8000 München-Lerchenau
Tel.: 0 89 / 1 50 22 47

Bonsai-Centrum Neuss
in der Baumschule Nabben
Schwarzer Weg 19
D-4040 Neuss
Tel.: 0 21 01 / 46 44 78

Bonsai-Centrum Schinznach
in der Baumschule Zulauf AG
CH-5107 Schinznach-Dorf
Tel.: 0 56 / 43 22 33

Bonsai-Schule Brandt
Südbadens große Bonsai-Gärtnerei
Mittlere Oberaustraße 7
D-7635 Schwanau-Nonnenweier
Tel.: 0 78 24 / 22 95

Bezugsquellen

Bonsai-Zentrum Frankfurt
Fam. Rost
Sandweg 6 (Nähe Zoo)
D-6000 Frankfurt 1
Tel.: 0 69 / 43 24 01

Bonsai-Zentrum Münster
Dipl.-Ing. Wolfgang Klemend
Weseler Straße 57
D-4400 Münster
Tel.: 02 51 / 52 64 99

Exotic Plant
Reni Staudacher
Seefeldstraße 44
CH-8008 Zürich
Tel.: 01 / 47 73 47

Helgas Bonsai Garten
H. u. D. Newels
Altenfeldsweg 9
D-6300 Gießen
Tel.: 06 41 / 49 25 07

Vreeken's Zaden
Groei en Bloei Koopcentrum
Voorstraat 448
NL-3300 AD Dordrecht
Tel.: 0 78 / 13 54 67